Mon amie Annabel Lee

AF369099

Marie MacLane

Writat

Cette édition parue en 2024

ISBN : 9789359943107

Publié par
Writat
email : info@writat.com

Selon les informations que nous détenons, ce livre est dans le domaine public. Ce livre est la reproduction d'un ouvrage historique important. Alpha Editions utilise la meilleure technologie pour reproduire un travail historique de la même manière qu'il a été publié pour la première fois afin de préserver son caractère original. Toute marque ou numéro vu est laissé intentionnellement pour préserver sa vraie forme.

Contenu

I
LA VENUE D'ANNABEL LEE

MAIS la seule personne dans la ville de Boston qui m'a donné le trésor de son cœur, le trésor de son esprit et le contact de sa belle main en guise d'amitié, est Annabel Lee.

Comme je ne cherchais aucune amitié dans la ville de Boston, cette amitié me vient avec la douceur des averses de soleil mêlées aux fleurs de cerisier, et il y a une qualité humaine dans l'air qui monte de la mer amère et salée.

Il y a des années, quelqu'un a écrit un poème sur Annabel Lee – une femme différente de cette dame, peut-être, ou peut-être est-ce la même – et maintenant, ce poème et cette dame ne sont jamais loin de moi.

Si effectivement Poe ne pensait pas à cette Annabel Lee lorsqu'il a écrit un cri du cœur si enchanteur, en tout cas, je penserai toujours à cette Annabel Lee lorsque le cri du cœur enchanteur de Poe me revient à l'esprit.

Annabel Lee de Forsooth Poe n'était pas aussi enchanteresse que cette Annabel Lee.

Je pense cela en regardant sa gracieuse petite silhouette debout sur mon étagère ; son merveilleux petit visage expressif ; ses étranges mains blanches ; ses cheveux attachés et tordus en cordes noires scintillantes et enroulés étroitement autour de sa tête.

Si vous la voyiez, vous diriez qu'Annabel Lee n'est qu'une très jolie petite statue noire, en terre cuite et blanche représentant une Japonaise. Et tout de suite vous vous tromperiez grandement.

Il est vrai qu'elle était restée dans un endroit extrêmement poussiéreux, dans un magasin japonais de Boylston Street, pendant des mois avant que je la retrouve. Il est vrai aussi que je suis tombé instantanément amoureux d'elle et que, moyennant quelques dollars étranges au commerçant, je l'ai sauvée de son environnement et je l'ai emmenée là où j'habite au bord de la mer, la mer où ces gens-là se trouvent. de merveilleuses, larges vagues vertes roulent, roulent, roulent toujours. Annabel Lee entend ces ondes, et je les entends, retenant parfois notre souffle et écoutant jusqu'à ce que nos yeux soient fatigués par l'écoute et par une certaine terreur obsédante, et que le faible courant se dirige vers nos deux âmes pâles.

Car même si mon amie Annabel Lee a vécu bêtement et poussiéreusement pendant des mois dans le magasin de Boylston Street, comme si elle n'était en réalité qu'une statue de porcelaine, et même si elle a été achetée à un prix, mon amie Annabel Lee n'en est pas moins délicieusement humaine.

Il y a des jours où elle remplit ma vie d'elle-même.

Elle suscite de multiples émotions qui ne laissent pas de repos.

Ce n'est pas moi qui l'ai appelée Annabel Lee. Cela a toujours été son nom, c'est qui elle est. Ce n'est pas un nom japonais, bien sûr, et elle est certainement originaire du Japon. Mais parmi la myriade de noms qui existent, celui-là seul est celui qui lui convient ; et elle seule, parmi la myriade de jeunes filles du monde, est celle qui le porte.
Elle le porte sans égal.
J'ai l'amitié d'Annabel Lee ; mais pour son amour, c'est différent.
Annabel Lee ne ressemble à personne que vous ayez connue. Elle ne ressemble pas du tout à eux tous. Parfois, je peux presque sentir un amour subtil et conscient venant du bout de ses doigts jusqu'à mon front. Et moi, à vingt et un ans, je suis aux anges.
En vérité, à vingt et un ans, malgré Boston et tout le reste, il y a des moments où l'on peut encore vibrer.

Mais d'autres fois, je lève les yeux et peut-être que ses yeux rencontreront les miens avec un regard froid et pénétrant, méprisant et déroutant.

D'autres fois, je lève les yeux et vois ses yeux pleins d'indifférence, pleins de tranquillité, pleins d'un calme morne et mortel.

Annabel Lee est venue de Boylston Street à Boston. Et voilà, elle était si adorable, si fascinante, si aimable, que je l'adorai aussitôt ; J'étais fasciné par elle; Je l'aimais.

Je l'aime tendrement. Pourquoi, je ne sais pas. Comment peut-on rendre compte des lieux où reposeront nos amours ?

Parfois, mon amie Annabel Lee est négative et parfois elle est positive.

Parfois, quand mon esprit semble s'être égaré infiniment loin d'elle, je réalise soudain que c'est elle qui le tient captivé. Quoi que je vois à Boston ou dans ma vision du monde entier, mon jugement est biaisé d'une certaine manière par l'existence de mon amie Annabel Lee – d'autant plus qu'il s'agit essentiellement de préjugés inconscients.

Annabel Lee est une personnalité intense – on rencontre de temps en temps des personnalités intenses, chez les enfants, chez les bouledogues ou chez des personnes comme mon amie Annabel Lee.

Et je ne me lasse jamais de regarder Annabel Lee, je ne me lasse jamais de l'écouter et je ne me lasse jamais de penser à elle.

Et en pensant à elle, mon esprit devient mélancolique.

II
LES SURFACES PLANES DES CHOSES

« IL y a des moments, disait mon amie Annabel Lee, où, bon gré mal gré, ils doivent tous apparaître sur la surface plane des choses.

« Ils regardent profondément l'eau verte alors que le soleil se couche et leur humeur est lourde. Leur cœur leur fait mal et ils ne versent aucune larme. Ils regardent les vagues brillantes lorsque le soleil se lève, et leur humeur est légère et ils profitent du moment. Ou bien leur cœur se serre au lever et leur humeur est légère au coucher. Mais que ce soit l'un ou l'autre, il y a des moments fades où ils ne voient que des surfaces planes. S'ils découvrent tout à coup, par un petit hasard, que leur bien-aimé est un ami traître, et qu'ils vont au coucher du soleil et contemplent profondément l'eau verte, et que tout est sombre et mort comme seul un traître bien-aimé peuvent y arriver, et leur humeur est très lourde – il y a quand même un moment fade où leur estomac leur dit qu'ils ont faim, et ils l'écoutent. C'est la surface plane. Après des semaines, voire des jours, selon qui ils sont, leur humeur ne sera pas lourde, mais leur estomac leur dira quand même qu'ils ont faim et ils écouteront. Si leur bien-aimé cesse soudainement d'exister, c'est mauvais pour eux, oh, extrêmement mauvais ; ils souffrent, et il leur faut des semaines pour se rétablir, et la marque de la blessure ne s'efface jamais. Mais avec l'aide encourageante du temps, ils se rétablissent. Mais si, dit mon amie Annabel Lee, leur estomac cessait d'exister, non seulement ils souffriraient, mais ils mourraient, et où s'en iraient-ils ? C'est une surface plane et c'est une vérité absolue. Et quand ils y réfléchissent – pendant un moment fade – ils rient doucement et cessent complètement d'avoir un bien-aimé ; ils cessent de remplir leurs veines de vie rouge, rouge ; ils deviennent comme des souris, des souris avec de longues queues fines.

« Pour un moment fade.

« Et aussi, le moment fade est suffisamment long pour qu'ils se sentent reposés, délicieusement, mais inconsciemment, reconnaissants que les choses aient ces surfaces planes et qu'ils puissent ainsi parfois rouler dessus.

« Ils roulent sur les surfaces planes comme un cheval roule sur la prairie plate où souffle le vent.

« Et quand pour la première fois ils tomberont amoureux, si leur ceinture est trop serrée, il viendra un moment fade où ils se rendront compte que leur ceinture est tellement serrée – et ils ne se rendront compte de rien d'autre.

«Pendant ce moment fade, ils desserreront leur ceinture.

"Quand ils avaient huit ou neuf ans et qu'ils trouvèrent un champ de prunes fines, mûres et juteuses, et pendant qu'ils cueillaient des prunes, un ballon apparut soudainement au-dessus de leurs têtes, leur premier mouvement délirant fut de tout quitter et de suivre le ballon au-dessus de la colline et vallée jusqu'au bout de la terre.

« Mais même si un vrai ballon vivant volait au-dessus de leurs têtes, ils ont pensé à ceci : *d'autres enfants récupéreraient nos prunes que nous avions trouvées* . Un ballon était glorieux – un ballon était divin – mais malgré tout, il y eut un moment fade au cours duquel la pensée de quelques enfants suédois vicieux à tête blonde venant de l'autre côté de la colline, qui se précipitaient sur les prunes, vint juste à temps pour faites disparaître le ballon sur eux.

« Mais », dit mon amie Annabel Lee, « de la même manière, en parlant au-dessus du ballon après qu'il ait disparu dans le ciel, il arrivait un autre moment fade où les prunes se pâliraient complètement et semblaient haineuses. à leurs yeux pour leur avoir caché la joie de suivre le divin ballon. C'est un autre aspect des surfaces planes des choses. Et ils doivent tous ressortir sur les surfaces planes, bon gré mal gré.

«Et», dit Annabel Lee en me regardant alors que mon esprit était vaguement nostalgique; « Non seulement ils doivent apparaître sur les surfaces planes des choses, mais aussi vous et moi devons venir, bon gré mal gré.

« Et puisque nous *devons* venir bon gré mal gré, ajouta la dame, alors pourquoi ne pas rester dehors sur les surfaces planes ? Cela nous évitera certainement d'avoir à venir la prochaine fois. Mais peut-être que tout cela est à venir.»

III
MON AMI ANNABEL LEE

MON AMI Annabel Lee ne manque jamais de me fasciner et de me confondre.

Même si elle donne, il y a en elle infiniment plus à obtenir.

Ma relation avec elle ne dure jamais et ne revient jamais. Cela ne mène nulle part. Elle et moi nous arrêtons ensemble au milieu de notre situation et regardons autour de nous. Et ce que nous voyons en regardant autour de nous suffit à être pris en compte.

Et en y réfléchissant, j'en parle.

IV
BOSTON

HIER , la dame était de son humeur la plus aimable et nous avons parlé ensemble – de Boston, en fait.

"Est-ce que tu aimes Boston?" elle me demanda.

"Oui," répondis-je; «J'aime Boston. Cela me fascine.

– Mais pas plus que Butte, dans le Montana ?

"Oh, non," dis-je précipitamment. « Butte, dans le Montana, est mon premier amour. Il y a là des montagnes arides, elles sont toujours avec moi. Boston ne me tient pas du tout au cœur, mais je l'aime beaucoup. J'aime vivre ici.

«J'aime Boston, parfois», a observé Annabel Lee. « Ici, au bord de la mer, ce n'est pas tout à fait Boston. C'est tout. Cette mer se baigne dans des îles violettes enchantées et touche les côtes espagnoles. Mais si l'on peut détourner un instant les yeux, Boston est une belle et bonne chose, et intéressante.

"Je pense que oui, à plusieurs points de vue", ai-je accepté.

« Dites-moi ce que vous trouvez qui vous intéresse à Boston », m'a demandé mon amie Annabel Lee.

"Il y a beaucoup de choses", répondis-je. « J'ai trouvé un petit coin près du quai d'East Boston où je m'assois souvent par temps froid. Le soleil brille fort et chaud sur une étroite plate-forme en bois entre deux grands tonneaux, et je peux y être caché, mais je peux regarder la foule en délire qui passe. La foule est très exaspérée autour d'East Boston. Et je ne manque pas de compagnie : il arrive parfois que des rats courageux et aux dents acérées s'aventurent sur le sol en dessous de moi. Ils ne peuvent pas voir la foule en délire, mais ils peuvent profiter du soleil et chasser les souris parmi les détritus.

« Les habitants de l'Est de Boston, ce sont les pauvres que nous avons toujours avec nous. Ce ne sont pas des pauvres doux, dignes ou méritants. Ce sont les diables, les mal conditionnés, un avec les rats des quais qui chassent les souris. Sauf que les rats tentent parfois de nettoyer leur pelage doux et gris en le léchant avec leur petite langue rouge ; tandis que les pauvres... Mais pourquoi les pauvres devraient-ils se laver ? Ne sont-ils pas les pauvres ?

« Alors que je me repose entre mes deux grands tonneaux et que je regarde ce spectacle grandiose, je pense : cela semble une chose tout à fait désespérée d'être pauvre à Boston, car on dit que Boston est le connaisseur le plus expérimenté et qu'il transporte un morceau de glace. en son coeur. D'entre mes deux tonneaux à East Boston, j'ai vu l'humanité, oh ! si brutale, oh ! si barbare qu'elle aurait pu l'être dans la joyeuse Angleterre sous le règne du bon vieux Harry VIII.

"Et donc c'est très intéressant."

« En vérité, il en est ainsi », a déclaré mon amie Annabel Lee.

"Boston est juste, et très juste. Dis-m'en plus."

« Et parfois, dis-je, je m'assois sur l'un des sièges près de la fenêtre de l'escalier de la bibliothèque publique. Et je regarde les murs. Un Français doté d'une fantaisie merveilleuse et d'une grande habileté au bout des doigts a travaillé sur ces murs. Il y peignit les emblèmes de toutes les grandes choses matérielles du monde, de tous âges. Et sur eux, il a peint un mince voile gris de ces choses qui ne sont pas matérielles, qui ne viennent d'aucune époque, qui sont avec nous, autour de nous, au-dessus de nous - comme elles l'étaient avec les enfants d'Israël, avec les habitants de Pompéi, avec les belles villes de la Grèce et leurs habitants.

« J'ai regardé les tableaux et j'ai été ébloui et transporté. Qu'est-ce qu'il n'y a pas sur ces murs !

« J'ai vu, en vérité, « la vision du monde et toutes les merveilles qui en découleront ».

« J'ai vu la lutte de l'âme-chrysalide et son éclatement dans la lumière ; J'ai vu la divinité qui protège parfois la terre ; J'ai regardé une conception de la poésie et j'ai entendu les sons subtils et rythmés des châles et des instruments à cordes ; et j'ai entendu une musique basse et voluptueuse venant de l'intérieur du temple – des voix humaines comme une douce jasmin ; J'ai vu l'idolâtrie fascinante des païens — et j'ai vu, pâle le soir à la lueur d'une étoile, la figure de bois de la Croix ; Je me suis penché au bord d'un gouffre et j'ai vu les choses d'autrefois : l'armée d'Hannibal devant Carthage, les Normands descendant à la mer sur des navires, les combats futiles et sauvages des Goths et des Vandales ; J'ai vu la science et l'art dans les villes fortifiées, et j'ai vu de frêles petits agneaux gambader au bord du ruisseau ; J'ai vu des ombres nocturnes s'abaisser sur des œuvres occultes, et j'ai vu des abeilles voler lourdement chargées vers leurs ruches par un beau matin d'été ; J'ai entendu jouer un luth là où bondit une petite cataracte, et les flûtes de Pan mêlées aux notes bouillonnantes d'un rouge-gorge dans les prés de menthe ; J'ai vu des pages et des pages de lignes imprimées qui s'étendent d'un bout à l'autre du monde ; J'ai vu des mots profonds écrits il y a des siècles avec des encres de plusieurs couleurs ; J'ai vu et j'ai été submergé par les merveilles des choses scientifiques hérissées de connaissances précises que je ne connaîtrai jamais ;

en même temps, j'ai vu la sérénité totale du visage du monde, comme le montre le pinceau du Français Chavannes .

« Et par-dessus tout, la conception nébuleuse du long silence ignorant.

« Qu'y a-t-il sur ces merveilleux murs !

«Je suis assis à moitié conscient sur le petit siège près de la fenêtre et ces choses nagent devant mes deux yeux gris. Mon esprit est rempli de la vision d'une vie murmurante et palpitante.

"Mais qu'est-ce que la vie, en vérité, car si merveilleuses que soient ces images, celles que j'ai vues, les temps où les rats se nourrissent parmi les détritus, sont encore plus merveilleuses."

«En vérité», a déclaré mon amie Annabel Lee, «il y a beaucoup, beaucoup à Boston. Dis m'en plus."

"Eh bien, et il y a la gare du Sud", ai-je continué. « Oh ! ce n'est qu'après avoir déambulé et flâné mille heures dans ce lieu de trains et de gens variés qu'on peut savoir tout ce qu'il y a réellement dans ses salles d'attente.

« J'y ai trouvé le Massachusetts – pas n'importe quel Massachusetts dont j'aie jamais entendu parler, mais le Massachusetts qui vient de Braintree, de Plymouth et de Middleboro avec un sac de courses de Boston ; le Massachusetts qui est intellectuel et passe son index dans le manche de sa tasse de thé ; le Massachusetts qui mange de la soupe au bout de sa cuillère ; le Massachusetts qui a bon cœur mais qui marche drôlement ; le Massachusetts qui emmène tous les enfants et descend à Providence pour une journée – chacun des enfants avec une grosse banane jaune à la main ; le Massachusetts existe parce que le monde porte des chaussures – car il est intellectuel et sait fabriquer des chaussures.

« Et à la Gare du Sud, en plus, il y a des gens du monde entier. On voit des acteurs, des auteurs et des artistes entrer et sortir et attendre dans les salles d'attente. Des personnes très belles et curieuses attendaient dans ces salles d'attente, ainsi que des Italiens crasseux avec des colliers de perles autour du cou.

« Et dans la Gare du Sud, il y a tellement de monde que, de temps en temps, on peut rencontrer certaines de ces petites choses qu'on attend depuis des siècles. Parmi une multitude de visages, il peut y avoir un visage jeune avec des lignes de vie usées et vives, des yeux alertes et très utilisés, et des cheveux doux et ternes au-dessus. En un éclair, on le reconnaît, et en un éclair il disparaît. C'est un visage qui signifie de belles choses et on le connaît ainsi que sa divinité depuis très, très longtemps. Et ici, à la gare sud de Boston, j'en ai eu un aperçu en or.

« Et j'ai vu à la Gare du Sud une scène étrange : celle d'un homme juif doux qui devait s'occuper de sa grande famille de jeunes enfants, tandis que leur mère, fatiguée par ses enfants, était autorisée pour une fois dans sa vie à se reposer complètement, assise. avec les yeux fermés et les mains jointes. Elle pouvait bien se reposer tranquillement en pensant qu'en donnant naissance à cette petite armée hébraïque, elle avait fait sa part de la pénitence de ce monde douteux.

« Et à South Station, comme partout ailleurs, on sent un air de Boston.

« L'air de Boston est également merveilleux – et il n'est pas gratuit pour tous de respirer. C'est pour les oints : les autres doivent les contenter de l'air sans teinte et sans parfum qui souffle sauvagement des sommets des montagnes et des mers du Nord. Mais pour moi, j'ai des yeux pour voir – et comme l'air de Boston a de la couleur, je peux le voir. Et j'ai des oreilles pour entendre – et comme l'air de Boston a des vibrations musicales, je peux l'entendre. Et j'ai de la sensibilité – c'est pourquoi tout ce qui est piquant dans l'air de Boston, et tout ce qui est beau, et tout ce qui est art, et tout ce qui est beau, et tout ce qui est vrai, et tout ce qui est bénin, et particulièrement tout ce qui est très cool et tout ce qui est amèrement méprisant - ne m'échappe pas totalement.

« Si toutes les personnes qui vont et viennent à la Gare du Sud étaient des héros, respiraient l'air là-bas et laissaient leurs ombres derrière eux – comme ils le font – je présume que la Gare du Sud serait une terre sacrée. Ils ne sont pas tous des héros, mais ils respirent l'air et laissent leurs ombres obscures, quelles qu'elles soient, et à jamais l'air de la Gare du Sud est teinté. Et comme plus de la moitié de ces gens sont de Boston, l'air en est teinté.

« Si vous êtes civilisé et conventionnel, vous pouvez connaître et respirer cet air. Si ce n'est pas le cas, eh bien, vous pouvez au moins vous lever et le contempler. Et on peut toujours attendre son heure.

« Ma réflexion m'a intéressé.

« L'air de Boston est un mélange de choses très anciennes et très modernes et de façons de penser pittoresques et qui mènent parfois à quelque chose. Les choses anciennes remontent à Confucius et à d'autres de son acabit, et les choses modernes sont teintées de Lilian Whiting, des journaux et du théâtre.

« On en est à moitié conscient lorsqu'on contemple, et on pense : « Malheur à moi car j'ai ma demeure parmi les tentes de Kedar ! On ne s'exclame pas tant qu'on se croit insensé, mais qu'on est bien sûr que l'air de Boston nous considère comme tel. Certes, il devrait le savoir, mais d'une manière ou d'une autre, on se contente encore d'attendre son heure.

"Mais oui. Il y a une qualité béatifiée dans l'air de Boston. Il est teinté de rose et de bleu. Cela résonne, à distance, de carillons et de flûtes. Vous le ressentez peut-être lorsque vous êtes assis dans le calme tamisé et brillant de l'église de la Trinité, lorsque vous vous promenez parmi les champs verts et dorés autour de Brookline et de Cambridge, où les orchidées lèvent leurs lèvres pâles et douces, lorsque vous êtes au Musée. des Beaux-Arts et je vois, accroché au mur, un petit tableau terne qui est vieux, si vieux !

« La musique est dans l'air de Boston. Elle se déverse dans le cœur comme le feu et l'eau, elle réveille l'âme de son rêve, elle envoie l'être humain dans les sentiers multicolores pour voir, pour souffrir, peut-être, oui, sûrement pour souffrir, mais pour vivre, oh, vivre!

« On peut voir dans les brumes la silhouette élancée et grise de sa propre âme qui s'élève et va se mêler à tout cela. Malgré les nuages, on sait que ça va et qu'il va bien. On dit depuis longtemps : « Ma bien-aimée est descendue dans son jardin au lit d'épices, pour se nourrir dans les jardins et cueillir des lys. Et maintenant, la bien-aimée est de nouveau dans le jardin, et dans ces moments-là, oh, la vie est belle. »———

Mon amie Annabel Lee a ouvert ses lèvres – ses lèvres comme des coings rouges et humides au printemps – et m'a dit qu'il y avait des moments où je l'intéressais, des moments où je l'amusais puissamment, et des moments où en moi elle faisait quelque chose. découvertes rares.

Mais laquelle des trois était cette fois-ci, elle ne l'a pas dit.

V
UNE PETITE MAISON À LA CAMPAGNE

MAIS Boston – ou même Butte dans le Montana – ne peut pas être comparée à un lieu d'hébergement loin dans le pays : une petite maison au bord d'un étang poissonneux et moussu, en été, sous le soleil brûlant. le seuil de la porte, un bosquet de saules et un chêne poussant à proximité ; du côté de la maison où le soleil brille le matin, quelques petits parterres carrés de radis et de têtes de laitue vert pâle, et des rangées droites et nettes de jeunes oignons, avec la terre humide montrant du noir entre les rangées ; et quelques pois verts poussant près d'une petite clôture ; et de l'autre côté de la petite maison poussera de l'herbe – de l'herbe haute et quelques mauvaises herbes résistantes, et peut-être un ou deux lis tigrés pousseront à l'improviste. L'étang à poissons ne sera ni trop près de la maison, ni trop loin, mais suffisamment proche pour que le chant des grenouilles la nuit soit clair et fort.

Des collines ondulantes s'étendront au loin, belles et vertes, et le bétail y errera et y broutera à l'ombre des branches basses. Les après-midi calmes, on entendra une caille ou un faisan crier dans les bois.

L'air qui soufflera sur les longues et douces hautes terres sera très doux. Le message qu'il apportera, lorsqu'il touchera mes joues, mes lèvres et mon front, sera celui d'une paix extrêmement profonde.

Je vivrais dans la petite maison avec un ami de mon cœur, un ami dans l'ombre, la pénombre et la clarté. Car si les cœurs de deux personnes sont d'accord, l'harmonie peut être d'une teneur exquise.

Très tôt le matin, je m'asseyais sur le pas de la porte, là où le soleil brille, et mes yeux regardaient la perspective. La vie palpiterait dans mes veines.

Au milieu de la matinée, j'étais à genoux dans les parterres de radis, de jeunes oignons minces et de laitue, j'arrachais les mauvaises herbes et me teignais les deux mains de racines noires.

Au milieu de la journée, je m'asseyais à l'ombre, mais là où je pouvais voir le soleil toucher la verdure éclatante, près de la maison et au loin. Et je pouvais voir l'étang brillant de poutres et de particules.

En fin d'après-midi, avec l'ami de mon cœur, je descendais parmi les vallées verdoyantes et les collines boisées, entre les clôtures et les murs de pierre en ruine, jusqu'à ce que nous atteignions un point d'observation d'où nous pouvions voir la mer.

La nuit, quand le soleil était parti, que la terre s'était refroidie et que le gris très foncé était tombé sur tout, nous nous asseyions de nouveau sur le pas de la porte. Ce serait une solitude là-bas, avec le bruit des grenouilles et des oiseaux de nuit, et il y aurait un chant de grillon. Nous nous parlions avec un ou deux mots à travers de longs silences.

Bientôt minuit viendrait, et nous dormirions profondément sous le toit bas et brûlant de la petite maison.

Mêlés à minuit mort, il y aurait des souvenirs de la journée qui venait de s'écouler. Dans mon sommeil, il me semblait marcher à nouveau dans les prairies, et le vert des innombrables brins d'herbe m'affectait d'un étrange délire, comme si maintenant pour la première fois je les voyais. Chaque petit brin d'herbe aurait une voix et crierait : *Mary MacLane, oh, nous sommes les brins d'herbe et nous sommes là ! Nous sommes les brins d'herbe, nous sommes les brins d'herbe, et nous sommes là !*

Et oui. Ce serait merveilleux qu'ils soient *là* . Et les feuilles ne seraient-elles pas sur les arbres ? – et de minuscules fleurs pâles ne pousseraient-elles pas dans le sol ? – et le ciel ne serait-il pas au-dessus de tout ? Oh, le ciel indicible !

Dans la nuit morte, le sommeil me quittait et je me réveillais dans une vision de beauté et d'horreur, avec la peur au cœur, avec une peur horrible au cœur.

Puis, frénétiquement, je pensais aux petits parterres de radis devant la fenêtre – à quel point ils étaient communs et satisfaisants. En pensant ainsi, je dormirais à nouveau et me réveillerais au soleil qui brille.

« Vous ne resteriez pas longtemps dans un tel endroit », a déclaré mon amie Annabel Lee.

Je l'ai regardée.

«Sa simplicité et sa vérité», a déclaré mon amie Annabel Lee, «vous blesseraient profondément, vous flagelleraient et vous pousseraient comme si vous étiez effectivement un changeur d'argent dans le temple.»

VI
L'ÂME À DEMI-CONSCIENCE

A NNABEL LEE a appuyé ses deux coudes sur le dossier d'une petite chaise en bois de santal et m'a regardé.

Nous nous regardions froidement, comme le font parfois des amis.

« Vous, dit Annabel Lee, avez une âme à moitié consciente. Une âme telle que lorsqu'elle entend un morceau de musique, elle peut entendre jusqu'aux profondeurs de la musique mais ne peut comprendre que la moitié de sa signification ; mais parce qu'il est à moitié conscient, il sait qu'il ne comprend que la moitié, et qu'il doit pleurer pour l'autre moitié ; une âme telle que lorsqu'elle erre dans le vert profond et y rencontre une femme de l'ombre, aux longs cheveux noirs et à la voix enchanteresse, elle ressent au plus profond de ses profondeurs l'esprit du vert et la voix de la femme de l'ombre, mais peut ne comprend que la moitié de ce qu'ils disent : mais parce qu'il est à moitié conscient, il sait qu'il ne comprend que la moitié, et qu'il doit pleurer pour l'autre moitié ; une âme telle que lorsqu'elle est fortement liée et enchaînée, elle sait, puisqu'elle est à moitié consciente, qu'elle est liée et enchaînée, mais elle ne sait pas pourquoi ni pourquoi ni si elle va bien, quelle est l'autre moitié - et elle doit avoir besoin de pleurez-le; une âme telle que lorsqu'elle entend des tonnerres dans le ciel sauvage, elle se réveille de son sommeil et écoute – écoute, mais comme elle est à moitié consciente, elle ne peut qu'entendre, sans savoir – et cela sonne comme une voix inconnue dans une langue inconnue, disant au discours mourant de son bien-aimé — il est frénétique de connaître la traduction qui est l'autre moitié ; une telle âme que lorsque la vie se rassemble autour d'elle et se tient devant elle et dit : Maintenant, contemple la vie, elle contemple, puisqu'elle est à moitié consciente, mais pour la même raison, elle tend ses yeux pour regarder par-dessus les épaules de la vie dans le l'obscurité, ce qui est une chose impossible, et l'autre moitié ; une telle âme que lorsqu'elle se retrouve mêlée à l'amour pour son ami, et tout le reste, elle jouit, oh, vivement, de tous les moments, sauf les moments cruciaux, où elle souffre de tourments et de doutes - car elle est à moitié consciente et connaît ainsi son manquant.

« La désolation est la voie de l'âme à moitié consciente », a déclaré Annabel Lee.

« L'âme pleinement consciente reçoit en elle les choses dans leur intégralité sans question ni émerveillement : l'âme à moitié consciente reçoit la moitié des choses, et sachant qu'il y a une autre moitié, elle s'interroge et s'interroge jusqu'à ce que tout devienne noir.

« L'âme totalement consciente est différente de l'âme totalement inconsciente en ce sens que la première est positive tandis que la seconde est négative – et toutes deux, dans leur nature, peuvent trouver le repos : mais l'âme à moitié consciente sait qu'elle est à moitié consciente, mais elle ne sait pas à quels moments il est conscient et à quels moments il est inconscient – car quand il se pense conscient, voilà, il est inconscient, et quand il se croit inconscient, il est lourdement et amèrement conscient – et nulle part il ne peut trouver de repos.

« L'âme pleinement consciente tient devant ses yeux un miroir et se regarde elle-même, sa couleur, sa texture, sa qualité, ses désirs et ses motifs, sans broncher, dans la forte lumière du jour ; l'âme totalement inconsciente ne sait pas qu'elle est une âme et n'utilise jamais de miroir : mais l'âme à moitié consciente regarde dans son verre dans la lumière grise du crépuscule - elle voit sa couleur, sa texture, sa qualité, ses désirs - mais ses motivations sont cachées. Ses yeux sont écarquillés dans la lumière grise pour découvrir quelles sont ces propres motivations. Il ne peut pas savoir, mais il ne peut jamais se reposer d'essayer de savoir.

« L'âme pleinement consciente connaît son amour, son chagrin, son amertume, ses remords.

« L'âme à moitié consciente connaît son amour – et se demande pourquoi elle aime, et se demande si elle peut vraiment aimer autre chose qu'elle-même, et se demande si elle se soucie de l'amour ; l'âme à moitié consciente connaît sa tristesse et s'étonne qu'elle ait de la tristesse puisqu'elle ne peut pas saisir la vérité ; l'âme à moitié consciente connaît son amertume et réalise immédiatement son droit et sa raison d'être amère – mais, en y pensant, la flèche est tournée dans la blessure ; l'âme à moitié consciente connaît ses remords, mais elle est convaincue qu'elle n'a aucun droit au remords, puisqu'elle accomplit ses actes indignes avec une infinie prévoyance.

« L'âme pleinement consciente est un esprit châtié, tout comme sa mesure de bonheur ; l'âme totalement inconsciente est un esprit non châtié, car elle ne mérite aucun châtiment - elle n'a pas non plus de bonheur, car elle ne sait pas si elle est heureuse ou non : mais l'âme à moitié consciente est châtiée là où elle ne le mérite pas, et va il n'est pas châtié là où il le mérite amplement – et n'a donc pas de bonheur, mais plutôt du malheur.

"Malheur à l'âme à moitié consciente", a déclaré Annabel Lee.

« Avec quel éclat la mer émeraude brille au soleil devant les yeux de l'âme à moitié consciente ! — mais la brûle d'un feu fou.

« Comme le parfum de l'anémone bleue est doux et fondant pour les sens de l'âme à moitié consciente ! — mais il le brûle d'un feu fou.

« Comme sont belles les lumières de bronze dans les yeux de son ami pour l'âme à moitié consciente ! – qui la brûlent d'un feu fou.

« Comme l'âme à moitié consciente est joyeuse au son des voix chantantes sur l'eau ! qui la brûlent d'un feu fou.

« Comment les significations sauvages et douces de l'air extérieur pénètrent-elles dans les profondeurs de l'âme à demi consciente ! — mais brûlez-la avec un feu fou.

« Comme l'âme à moitié consciente est follement heureuse, dans les heures tranquilles, à la vue d'un pin solitaire au sommet de la montagne ! — qui la brûle d'un feu fou.

« Avec quelle tendresse la Vérité arrive à l'âme à moitié consciente pendant les veilles mortes de la nuit ! — mais la brûle d'un feu fou.

"La vie est vivante, alerte, révélatrice à l'âme à moitié consciente", a déclaré Annabel Lee.

« Vous », dit Annabel Lee, « avec votre âme à moitié consciente, lorsque vous êtes assis là où les vagues grises lavent la digue à marée haute, lorsque vous êtes assis à écouter, la tête penchée et les mains froides, vous pensez que vous réalisez votre vie — vous croyez en connaître la dureté — vous croyez avoir mesuré la cruauté qu'on vous fera ; mais tu ne sais pas. Vous n'en savez que la moitié : vous pleurez pour l'autre moitié, même si c'est une horreur.

« Pourtant, même si vous n'êtes qu'à moitié conscient, même si vous pleurez pour l'autre moitié, quand vous êtes assis à écouter, la tête penchée et les mains froides, là où les vagues grises lavent la digue à marée haute, pourtant vous savez une partie de chacune des choses qui vous entourent.

« Une âme à moitié consciente est merveilleuse dans la conception », a déclaré Annabel Lee.

J'ai regardé attentivement mon amie Annabel Lee. Est-ce qu'elle me taquinait ? Est-ce qu'elle se moquait de moi ? Car elle me taquine et elle se moque de moi. Et était-elle impliquée dans l'un ou l'autre de ces passe-temps, avec toute cette histoire d'âme à moitié consciente ?

Mais là encore, elle m'a laissé ignorer sa pensée, et il n'y a aucun moyen de le savoir.

VII
LES JEUNES LIVRES DE TROWBRIDGE

Il y a deux écrivains, parmi eux, à qui je dois des remerciements pour d'innombrables heures de plaisir complet. Non pas le plaisir qui nous excite et nous enflamme, mais le plaisir qui pénètre dans la personnalité entière et qui repose et satisfait un esprit commun et non tendu. C'est le même plaisir que celui de manger tout seul : manger des pêches et une fine et petite côtelette d'agneau au milieu de la journée.

L'un de ces deux écrivains est J. T. Trowbridge, qui a écrit des livres pour la jeunesse.

J'ai souvent pensé que la vie serait différente, plus terne et moins parsemée de soucis et de crème, si je n'avais jamais connu mon Trowbridge.

J'ai souvent remercié le sort heureux qui a mis entre mes mains mon premier jeune livre de Trowbridge. « C'était quand j'avais quatorze ans, un jour d'octobre, alors que je vivais dans une ville plate et venteuse qui s'appelait Great Falls, dans le Montana. Depuis lors, je n'ai jamais été sans les livres de jeunesse de J. T. Trowbridge. Il ne s'est écoulé que sept années depuis lors, mais quand sept années supplémentaires, et sept années encore, jusqu'à soixante ans, se seront écoulées, je passerai encore la moitié de mes heures de repos, de mes heures de plaisir, de mon confort lâche et sans contrainte. heures avec les jeunes livres de Trowbridge.

Quand je vais au théâtre, j'en profite pleinement. Un théâtre est une bonne chose, et l'acteur est une personne époustouflante, mais avec quelle impatience et joie je reviens dans ma propre chambre où se tient un fidèle petit cerf bronzé, si pathétique et si doux, sur le bureau.

Quand je sors dans deux pièces bondées au milieu de personnages fascinants dont j'ai déjà entendu parler – des femmes aux robes finement travaillées – j'aime ça aussi et je n'aurais pas manqué cela – mais comme c'est tout à fait reposant et adorable de reviens dans ma propre chambre où se trouve mon amie tranquille et confortable, vêtue d'une robe de flanelle noire rouillée, assise et attendant - et ses mains si douces et agréables à sentir.

Quand je lis des trésors littéraires en or – Vergil, peut-être, ou un Browning, ou un Kipling – je suis enchanté et captivé. Je m'émerveille devant ces gens et comment ils peuvent écrire. Je pense combien c'est merveilleux d'écrire, enfin, mais avec quelle joie et reconnaissance, après deux heures ou trois, je reviens à mes jeunes livres de Trowbridge.

Ils concernent des gens vivant dans des fermes, et ils sont écrits pour que vous sachiez que la racine rouge pousse parmi les épis de blé et doit être éliminée, et que les garçons du fermier doivent traire les vaches le matin avant le petit-déjeuner et le soir après le dîner. Car ils dînent dans les livres de Trowbridge – et c'est même attrayant et bon.

Quand les garçons vont ramasser du varech pour le répandre sur la terre et qu'ils partent passer la journée au bord de la mer, ils mangent des épis de maïs rôtis, des œufs durs froids, du pain et du beurre et trois bouteilles de bière d'épicéa. et si vous connaissez vraiment les livres de Trowbridge, vous pouvez les manger avec eux et avec un merveilleux appétit.

Lorsqu'un garçon mince de seize ans part à la recherche du cheval de son oncle qui a été volé pendant la nuit (parce que le garçon a laissé la porte de l'écurie ouverte), le long d'agréables routes de campagne et de fermes souriantes du Massachusetts - si vous connaissez vraiment les livres de Trowbridge - le Un garçon mince de seize ans n'est pas plus pressé que vous de retrouver le cheval. Lorsque le garçon et le lecteur se lancent pour la première fois après le cheval, ils sont bien trop misérables et impatients de manger, car l'oncle grincheux leur a dit qu'ils n'avaient pas besoin de revenir à la ferme sans ce cheval. Mais bien avant midi, ils sont assez contents d'avoir quelques tranches de pain beurrées doublées à manger au fur et à mesure. Quand enfin ils aperçoivent le cheval en train de se nourrir tranquillement sous une étable à une foire du comté à trente kilomètres de là, ils ont très faim et, dans leur joie, ils achètent un morceau de tarte et des craquelins aux huîtres, pour ne pas avoir à se nourrir. hors de la vue du cheval pendant qu'il mange. Et le lecteur – s'il connaît vraiment les livres de Trowbridge – s'arrêterait volontiers ici, car des problèmes l'attendent. Il le voudrait, mais il ne le peut pas. Il doit continuer – il doit même entrer en contact crucial avec le club de hickory d'Eli Badger – il doit accompagner le garçon jusqu'à ce qu'il le voie enfin, lui et le cheval, de retour en toute sécurité à la ferme de l'oncle Gray, le cheval grignotant placidement de l'avoine dans sa propre stalle, et le garçon dînant une fois de plus avec un appétit intact, et l'oncle grincheux une fois de plus serein. Et si vous connaissez les livres de Trowbridge, vous pouvez aussi manger tranquillement.

Lorsqu'un garçon est laissé seul au monde par la mort de sa tante et part à la recherche de son oncle à Cincinnati - si vous connaissez les livres de Trowbridge - vous vous préparez aux difficultés et à la lassitude, mais vous mangez toujours des sandwichs et des beignets occasionnels (mais pas les genres gras).). Et tu sais toujours qu'il doit y avoir un refuge dans la maison de l'oncle à Cincinnati. Seulement – si vous connaissez les livres de Trowbridge – vous avez peur lorsque vous arrivez à la porte de l'oncle, et vous préféreriez un peu que le garçon vienne à sa rencontre pendant que vous attendez dehors. Les oncles de Trowbridge ont tendance à être si amers jusqu'au cœur, si amers jusqu'à la langue, et si sarcastiques dans leurs remarques concernant les garçons qui viennent de la campagne à la ville afin qu'eux – les oncles – puissent avoir le privilège de les soutenir. Mais vous savez – si vous connaissez les livres de Trowbridge – que les garçons de Trowbridge ne viennent jamais en ville dans ce but. Les oncles au caractère colérique s'en rendent vite compte également et changent en conséquence la teneur de leurs remarques - et après un juste orgueil de la part des neveux, tout va bien. Sur ce, votre sentiment de satisfaction est plus grand que celui du garçon, de l'oncle, de Trowbridge lui-même.

Mais ces épis de blé rôtis et ces œufs bouillis froids comptent parmi les moindres délices des jeunes livres de Trowbridge. Les choses les plus fascinantes, ce sont les conversations. Ils sont si réels que vous entendez les voix et voyez les expressions des visages.

Trowbridge est de ceux qui écoutent deux et trois fois les personnes qui parlent, de sorte qu'il entende la note principale et le détail, et sa plume est du genre à pouvoir écrire ce qu'il entend. Ce n'est jamais trop, jamais trop peu ; cela ne se remarque pas du tout, car tout est harmonie.

C'est tout à fait courant.

Et c'est réel.

Dans les livres pour jeunes de Trowbridge, et nulle part ailleurs, j'ai entendu des garçons parler ensemble, de sorte que je connaisse à quoi ressemblaient leurs visages, et avec quelle négligence et lâcheté leurs divers cols étaient portés et leurs chapeaux douteux. J'ai entendu un vieil homme avide et grincheux marteler le sol de la cuisine avec sa canne à tête de corne. Il était venu pendant que la famille prenait le petit-déjeuner pour les informer que leur chien avait tué cinq de ses moutons et exiger la vie du chien. . J'ai entendu les leçons et autres choses qu'on disait il y a soixante ans dans une école de campagne, où les garçons étaient parfois obligés, pour se punir, de s'asseoir sur rien contre la porte. J'ai entendu l'extrême mécontentement dans la voix d'un autre fermier grincheux et avide lorsqu'il lui est devenu évident qu'il serait obligé de céder un cheval qui avait été volé avant de l'acheter. Mais ici, je dois citer, aussi fidèlement que possible sans le livre :

« 'Et je l'ai vendu à ce M. Badger' (dit Kit) 'pour soixante-dix dollars.'

« 'Soixante-dix gim-cracks !' s'exclama l'oncle Grey, consterné. "Je pense que n'importe quel imbécile sait qu'il vaut plus que ça."

« Il pensait à Brunlow, mais Eli s'est appliqué la remarque à lui-même.

« 'Je le savais', grogna-t-il. «C'est pourquoi je l'ai acheté. Et je suis très content de ne pas avoir payé plus.

« 'Sartin !' répondit l'oncle Gray; mais ne vous est-il pas venu à l'esprit qu'aucun honnête homme ne voudrait vendre un honnête homme comme celui-là pour une telle somme ?

« Je ne le savais pas », dit Eli d'un ton grogneux. «Il a raconté une histoire franche et cruelle. Je me suis fait avoir, c'est tout.

"'A pris en!' répéta oncle Grey. «Je devrais dire, pris en compte! Je connais ce voyou et je suis étonné qu'un homme doté de bon sens et d'yeux dans la tête ne puisse pas être vu à travers lui d'un coup.

« Peut-être que je n'ai pas de bon sens, et peut-être que je n'ai pas d'yeux dans la tête », dit Eli, avec un feu sourd à l'endroit où les yeux auraient dû être s'il en avait eu. "Mais je ne m'attendais pas à ça."

"Kit s'est empressé de s'interposer entre les deux hommes."

J'ai toujours été désolé que le garçon s'interpose juste là.

J'ai sûrement lu le livre soixante-dix fois. Chaque fois que cette conversation sur le cheval me parvient d'une manière extrêmement piquante. Comme il est impossible de se lasser de Trowbridge, parce qu'il n'y a aucun effort dans l'écriture, aucun effort dans la lecture, et à cause d'un sens de l'humour profond et jamais défaillant .

Comme ces mots semblent plats !

Les jeunes livres de Trowbridge ne peuvent être mis en mots. Qu'en est-il de la simplicité, qu'en est-il de la qualité du naturel, qu'en est-il de la tendresse délicate pour toutes les choses humaines, qu'en est-il de la rare, rare qualité du commun qui est satisfaisante et apaisante comme la vision d'un petit lit de radis vert, qu'en est-il d'un une sympathie intérieure entre Trowbridge et ses personnages et, par-dessus tout, une sympathie intérieure avec ses lecteurs, qu'en est-il de la Vérité elle-même et du doux don de dépeindre les jours ensoleillés tels qu'ils sont – pourquoi parler de Trowbridge ?

Tout n'est-il pas écrit là-bas ?

Ne peut-on pas y lire et s'y reposer ?

VIII
« DONNE-MOI TROIS GRAINS DE MAÏS,
MÈRE ! »

« N O», DIT mon amie Annabel Lee, «je ne peux pas vraiment dire que je me soucie de Trowbridge. Tout ce que vous dites est assez vrai, mais cela ne m'intéresse pas.

« Qu'est-ce que tu aimes dans la littérature ? » » demandai-je en la regardant avec intérêt, car je ne l'avais jamais entendue dire. Il faut que ce soit quelque chose qui la caractérise.

«J'aime la force, et j'aime la simplicité, et j'aime l'émotion, et j'aime toujours les choses vitales. Et j'aime la poésie plutôt que la prose. Tout à l'heure, » a déclaré Annabel Lee, « je pense à un morceau de vers à l'ancienne qui, pour moi, est tout ce qu'un poème a besoin d'être. L'avoir écrit, c'est en avoir fait assez dans la manière d'écrire, parce que c'est réel – comme votre Trowbridge.

"Oh, veux-tu le répéter pour moi!" J'ai dit.

« Cela s'appelle : « Donnez-moi trois grains de maïs, Mère ». Il s'agit d'une famine en Irlande il y a de nombreuses années : un garçon et sa mère mouraient de faim.

Et puis elle poursuivit :

« 'Donnez-moi trois grains de maïs, mère,
Donnez-moi trois grains de maïs,
'Cela gardera le peu de vie que j'ai
jusqu'au lendemain matin.
Je meurs de faim et de froid, mère,
Je meurs de faim et de froid,
Et la moitié de l'agonie d'une telle mort
Mes lèvres ne l'ont jamais racontée.

« Il m'a rongé le cœur comme un loup, ma mère,
Un loup féroce pour le sang,
Toute la journée et la nuit, à côté de…
Rongant par manque de nourriture.
J'ai rêvé de pain dans mon sommeil, mère,
Et c'était un paradis à voir
. Je me suis réveillé avec une lèvre avide et affamée,
Mais tu n'avais pas de pain pour moi.

« Comment pourrais-je compter sur toi, mère,
Comment pourrais-je compter sur toi
Pour trouver du pain à donner à ton garçon affamé,
Alors que toi aussi tu mourais de faim ?
Car j'ai lu la famine dans ta joue
Et dans ton œil si sauvage,
Et je l'ai sentie dans ta main osseuse,
Tandis que tu la posais sur ton enfant.

« La reine a des terres et de l'or, mère,
La reine a des terres et de l'or,
Pendant que tu es obligée de tenir ton sein vide
Un bébé squelette à tenir –
Un bébé qui meurt de besoin, mère,
Comme je meurs maintenant,
Avec un regard épouvantable dans son œil enfoncé
Et la famine sur son front.

« Qu'a fait la pauvre Irlande, mère,
Qu'a fait la pauvre Irlande,
Pour que le monde nous regarde et nous voie mourir,
Périr un par un ?
Les hommes d'Angleterre ne se soucient-ils pas, mère,
des grands hommes et des hauts gradés,
des fils souffrants de l'île d'Erin,
de savoir s'ils vivent ou meurent ?

« 'Il y a ici beaucoup de cœurs courageux, mère,
Mourant de besoin et de froid,
Tandis que seulement de l'autre côté de la Manche, mère,
Sont nombreux qui roulent dans l'or.
Il y a là-bas, ma mère, des hommes grands et fiers,
Avec des richesses merveilleuses à voir,
Et le pain qu'ils jettent ce soir à leurs chiens
nous redonnerait la vie, à moi et à vous.

« 'Viens plus près de moi, mère,
Approche-toi de moi,
Et tiens-moi tendrement, comme tu as tenu
mon père quand il est mort.
Vite, car je ne te vois pas, maman,
Mon souffle est presque coupé.

Mère, chère mère, avant de mourir,
donnez-moi trois grains de maïs !

"Qu'en pensez-vous", a déclaré mon amie Annabel Lee, "n'est-ce pas plein
de puissance, de poésie et de pathétique ?"

"Oui, cela ne pourrait pas être mieux en soi", répondis-je. "Et il a la
simplicité."

"Et ne prétend rien", a déclaré Annabel Lee.

"Et qui l'a écrit?" J'ai demandé.

"Oh, une Anglaise oubliée", a déclaré Annabel Lee. «Je crois qu'elle s'appelait
Edwards. Elle a peut-être écrit un poème de temps en temps et est morte.

« Et les poèmes sont-ils oubliés aussi ? J'ai demandé.

« Oui, oublié, sauf par quelques-uns. Mais quand ils s'en souviennent, ils s'en
souviennent longtemps.

« Alors, qu'est-ce qui est préférable, que les multitudes se souviennent, et se
souviennent sous peu ; ou être oublié par les multitudes et rappelé longtemps
par un ou deux ?

"Il est incomparablement mieux de se souvenir longtemps d'un ou deux", a
déclaré Annabel Lee. « Être oublié par quelqu'un ou quelque chose qui s'est
souvenu de vous est cruellement amer pour le cœur. »

IX
RELATIF

« Pensez -vous, Annabel Lee, lui dis-je un jour où je me sentais déprimé, que toutes choses doivent réellement être relatives, et que celles qui ne le sont pas maintenant à proprement parler finiront par le devenir, même si cela leur donne une dimension aiguë. angoisse?"

Le visage d'Annabel Lee était placide, tout comme la mer. L'un me regardait depuis l'étagère, et l'autre s'éloignait au loin.

Ce visage et cette mer étaient-ils liés ? Cela ne pourrait certainement pas être le cas, puisque ces deux choses, dans leur nature même, pourraient rester incontrôlées. Les lois universelles, dans les moments extrêmes, ne cèdent-elles pas ?

"Relatif!" dit Annabel Lee. « Rien n'est relatif. Je vous le dis, rien n'est relatif. Je viens du Japon. Au Japon, quand j'étais tout nouveau dans tout, il y avait une vilaine femme aux yeux de grenouille qui me lavait, m'oignait et m'habillait de soie, tout en pinçant cruellement mes petits bras blancs, de sorte que ma petite bouche rouge se tordait avec le douleur. De plus, la femme aux yeux de grenouille a regardé dans mes jeunes yeux souffrants avec ses vilains yeux de grenouille, de sorte que ma petite et jeune âme a été poussée comme avec des clous. La femme aux yeux de grenouille a fait ces choses pour me faire du mal : elle me détestait parce que j'étais l'une des plus belles créatures du Japon. C'était une misérable et laide.

« Ce n'était pas relatif. Je vous dis que ce n'était pas relatif », a déclaré Annabel Lee.

« Si j'avais été un animal maladroit, envahi par la végétation et sans effusion de sang et que cette femme aux yeux de grenouille m'avait pincé mes petits bras blancs, *elle* aurait quand même été une vilaine et laide misérable.

« Si j'avais été un esprit vicieux et que cette femme aux yeux de grenouille avait regardé dans mes yeux vicieux avec ses vilains yeux de grenouille, *elle* aurait quand même été une misérable vile et laide.

« Si j'avais été une petite chose odieuse, au lieu d'une jeune fille de race douce, vivant doucement et pitoyable pour les pauvres, et que cette femme aux yeux de grenouille m'avait haï de tout son cœur de grenouille, *elle* l'aurait quand même été un misérable vil et laid.

« Si cette femme aux yeux de grenouille avait été seule au Japon, sans aucun être humain à qui la comparer, elle aurait quand même été une vilaine et laide misérable.

« Elle a laissé son horrible marque de grenouille sur ma belle âme. Rien sous le soleil adoré ne pourra jamais effacer l'horrible marque de grenouille de ma belle âme. Mille malédictions sur la vilaine femme aux yeux de grenouille », dit tranquillement Annabel Lee.

— Alors, tout d'abord, ce n'est pas relatif, dis-je. « Mais c'est peut-être à cause de la puissance et de la profondeur de vos yeux et de votre belle âme. Là où il n'y a ni yeux ni âmes belles, du moins là où les yeux et les âmes belles ne peuvent être considérés comme eux-mêmes, mais seulement comme des choses sans sentiment de vie, alors les choses ne sont-elles pas relatives ?

"Rien n'est relatif", a déclaré Annabel Lee. « Si le magnifique manteau de fourrure de votre chien est plein de puces et que vous caressez votre chien avec vos mains, vous pourriez bientôt acquérir un certain nombre de puces. Vous aimez le chien, mais vous n'aimez pas les puces. Vous pardonnez aux puces pour l'amour du chien, même si vous ne les détestez pas moins. Alors ce n'est pas relatif. Si c'était relatif, vous aimeriez un peu les puces pour la même raison que vous leur pardonnez : par amour de votre chien. Le pardon est une qualité négative et ne peut avoir aucune influence sur votre attitude envers les puces.

Cela dit, Annabel Lee a regardé placidement la mer par-dessus ma tête.

Lorsque son humeur est si tranquille, elle parle gracieusement, de manière égale et positive, et est belle à regarder.

Mon esprit était maintenant dans une grande confusion sur le sujet en question. Mais je sentais que je devais savoir tout ce qu'Annabel Lee en pensait.

« Que diriez-vous, Annabel Lee, dis-je, d'un cas comme celui-ci : si une âme était en désaccord avec tout ce qui la touche, tout ce qui fait la vie, de sorte qu'elle doive lutter pendant de longues nuits et de longs jours avec l'amertume, n'est-ce pas parce que l'âme n'a pas le sens des proportions et ne s'est pas rendue proprement relative à tout et à tout ce qui est ? — relative, de sorte que lorsqu'une chose dure la touche, en même temps une chose douce la touche ; ou bien, lorsqu'il pleure les jours morts, il se réjouit en même temps des jours vivants ; ou quand son bien-aimé lui inflige une blessure profonde, en même temps son meilleur ennemi lui procure un vif plaisir.

"Rien n'est relatif", a encore déclaré Annabel Lee. « Rien ne peut être relatif. Rien n'a besoin d'être relatif. Si une âme s'use en lambeaux en luttant jour et nuit, c'est une question qui concerne particulièrement l'âme et rien d'autre, *rien* d'autre. Si une âme s'use en lambeaux en luttant, elle n'en sera que plus dupe. Il se débat à cause de choses qui ne connaîtraient jamais *de* difficultés à cause de lui. En vérité, aucun d'eux ne bougerait d'un millionième de pouce à cause d'une chose aussi mesquine qu'une âme.

J'ai regardé Annabel Lee, ses cheveux, ses mains et ses yeux. En regardant, je me suis souvenu du mot « éternité ».

Un être humain est une chose tout à fait merveilleuse, vraiment – et formidable – il n'y en a pas de plus grande.

Annabel Lee est une personne qui dit toujours la vérité, car pour elle, il n'y a rien d'autre à dire.

Elle a atteint ce point merveilleux où un être humain n'attend plus rien.

« Si les jours d'une vie, Annabel Lee, dis-je, sont rendus lumineux grâce à deux autres vies qui lui sont chères, et si la vie arrive un jour où la pensée des deux qu'elle aime s'approprie cœur comme du plomb, alors que peut-il y avoir pour apaiser sa lassitude, dans le ciel en haut, sur la terre en bas ou dans les eaux sous la terre ?

« Une vie stupide », a déclaré mon amie Annabel Lee. « Il n'y a pas au Japon de douleur comparable à celle que l'on ressent lorsqu'on aime quelqu'un ou quelque chose. Et si quelqu'un ou quelque chose est la seule chose que la vie peut appeler sienne, alors malheur à elle. Les choses dont il a besoin sont au nombre de trois : un lieu d'hébergement dans le ciel, là-haut ; un peu de dureté dans la terre en dessous ; un dernier recours dans les eaux souterraines. Ces trois-là… mais aucune vie ne les a jamais eus.

"En fin de compte", dis-je, "quand tous les larges chemins se rejoignent et que tous les cœurs lourds seront attentifs à savoir ce qui va arriver, alors n'y aura-t-il pas en effet un grand ajustement, et la vie et tout deviendra à la fois magnifiquement relatif ?"

"Jamais; ça ne peut pas être le cas. Rien n'est relatif », a déclaré Annabel Lee, un jour où je me sentais déprimée.

X
MINNIE MADDERN FISKE

AUJOURD'HUI , mon amie Annabel Lee et moi sommes allés au théâtre et nous avons vu sur scène une femme merveilleuse et fascinante avec de longs cheveux roux foncé.

Elle est attirante, cette femme rousse, adorablement attirante. Et elle rappelle beaucoup de choses.

Annabel Lee était très intéressée par son jeu d'acteur et était charmée par elle-même, tout comme moi.

« Pensez-vous qu'elle trouve la vie très agréable ? J'ai dit à mon ami.

«Je ne suppose pas», répondit mon amie, «qu'elle soit du genre à se demander si la vie est agréable ou non. Son travail est probablement suffisamment dur pour l'empêcher de commettre des méfaits de quelque nature que ce soit.

Sur quoi nous nous sommes mis tous deux à penser combien heureux étaient ceux dont le travail était suffisamment dur pour les protéger de toute sorte de méfaits.

« Mais il doit y avoir, dis-je, certains mois, peut-être en été, où elle ne travaille pas. J'ai entendu dire que certains acteurs s'installent dans des maisons dans les montagnes et font leur propre ménage pour se divertir. »

«Je», dit Annabel Lee, «je ne peux pas vraiment imaginer cette femme aux cheveux roux faisant du pain et récurant des casseroles et des bouilloires pour le plaisir. Mais il est très probable qu'elle parte parfois en vacances à la campagne, et je l'imagine faire les diverses petites choses agréables que les célébrités peuvent se permettre de faire – comme patauger pieds nus dans un ruisseau étroit, ou se balancer haut et imprudemment dans un hamac à douves de tonneau. »

« Et puisqu'elle est si adorable sur scène, m'écriai-je, comme elle serait tout à fait enchanteresse de patauger dans le ruisseau ou de se balancer dans le hamac à douves de tonneau, elle avec ses longs cheveux roux ! Peut-être qu'elle serait même tressée dans son dos en deux longues queues.

C'est une image qui me hante—Mme. Fiske, au milieu de ses vacances, fait de petites choses agréables.

« Bien sûr, dit mon amie Annabel Lee, nous ne *savons pas* si elle ne passe pas ses vacances dans un beau yacht conventionnel et stupide, ou dans quelque magnifique et insipide maison de campagne américaine ou anglaise. Nous ne pouvons que lui accorder le bénéfice du doute.

"Oui, le bénéfice du doute", répondis-je.

Comme elle était fascinante, certes, avec sa personnalité confondue avec celle de Marie-Madeleine !

La Madeleine n'est plus un idéal obscur avec un corps un peu plantureux, légèrement drapé, aux cheveux indéfinis et à la beauté sans vie que peignent les maîtres anciens. Elle n'est pas non plus tout à fait la femme des Écritures qui est présentée à l'esprit sans cette qualité appelée coloration locale, et avec trop de la qualité qui est toujours présente chez les femmes dans les Écritures - quelque chose entre l'impureté et la rédemption complète finale. .

Non, Marie-Madeleine est Mme Fiske, une femme légère encore dans les derniers affres de la jeunesse, avec deux épaules qui bougent avec impatience, exprimant d'indescriptibles émotions de vivacité et deux lèvres qui remplissent leur fonction, celle de colorer, d'envoûter, de torturer, de parfumer, oignant les paroles qui en sortent. En dehors de ces lèvres, le visage de Marie-Madeleine a un aspect merveilleusement rond et enfantin, et ses deux yeux ronds donnent à première vue une idée d'innocence positive. Dans le visage de Madeleine – et dans celui d'un acteur du calibre de Mme Fiske – , c'est une incongruité magnifiquement délicate.

Et mon amie Annabel Lee m'a dit que les choses les plus fortes sont les incongruités délicates – les plus fortes de tout ce vaste monde. Parce qu'ils vous font réfléchir – et en réfléchissant, vous attendez.

Avec une telle paire d'yeux ronds et innocents d'une certaine couleur grisâtre, qui peut blâmer Marie-Madeleine ?

Dans les derniers actes de la pièce, ces yeux vont encore plus loin que l'innocence : ils ont faim et soif de justice. Et, ah, mon Dieu (pensiez-vous), comme ils l'ont bien fait ! Avoir faim et soif de justice – non pas elle-même, mais ses yeux. C'était l'art de Marie-Madeleine.

Cette Marie-Madeleine, bien qu'elle soit effectivement dans les derniers affres de sa jeunesse — sans parler des années qu'elle peut connaître — a pourtant sous le menton une rondeur de chair très charmante qui deviendra évidemment un jour un double menton. En ce moment, c'est un enchantement. Il y a des enfants féminins de sept et huit ans au visage rond, qui ont justement cette plénitude sous le menton, et sous le menton de Marie-Madeleine – et ajouté à ses yeux – cela perpétue l'idée d'innocence et d'inexpérience à un degré rare. N'importe quelle autre femme actrice aurait depuis longtemps éliminé cette plénitude. En vérité, c'est peut-être la seule femme actrice qui pourrait porter une telle chose avec beauté.

Les cheveux de Marie-Madeleine dans leur profonde rougeur sont méprisants et agressifs dans les premiers actes de la pièce. Dans ces derniers actes, il revêt un caractère merveilleusement pathétique. Et, si vous voulez, il y a tout un monde de pathétique dans les cheveux roux.

Si les cheveux de Marie-Madeleine étaient d'une couleur différente, si les ombres de bronze étaient des ombres jaunes, ou grises, ou noires ou brunes, ses lèvres et ses épaules étaient en vain.

Sur la scène, Marie-Madeleine tourne le dos à son public : elle reste calme et placide pendant trois ou quatre minutes devant le rideau qui se lève et qui descend, permettant gracieusement à tous d'admirer et de se régaler des yeux du rouge de ses cheveux.

« Elle sait, dit mon amie Annabel Lee, qu'elle peut rendre son visage envoûtant – et elle sait aussi que ses cheveux sont envoûtants sans être ainsi faits. Et elle choisit que le monde dans son ensemble le sache aussi.

Elle a de la volonté, elle a Marie-Madeleine. C'est sa volonté, sa force, la concentration de tout son pouvoir sur elle-même qui la rendent ainsi envoûtante – et qui séduisent les cerveaux de ceux qui la regardent évoluer sur scène.

Elle contrôle toutes ses caractéristiques mentales et physiques avec une précision métallique, à l'exception de ses cheveux, qu'elle laisse incontrôlées pour faire son propre travail. Il fait bien son travail.

Elle a cultivé cette mobilité de ses lèvres, probablement avec un travail acharné et une patience infinie, et elle les rend humides et brillantes avec du rouge. Elle frotte la peau douce et épaisse de son visage avec des couches de graisse. Elle charge ses deux bras blancs de poudre sans limite. Et les deux yeux enfantins sont extrêmement chargés quant à la paupière et aux cils de crayon noir. On éprouve une répulsion en les contemplant à travers un verre. Dans les jours de sa jeunesse, sa voix lui avait inculqué le pouvoir de frémir et de vibrer, et de devenir d'une tendresse exquise à l'occasion, et maintenant il exécute les ordres de son propriétaire avec docilité et habileté. Puisque son propriétaire possède de la force et un pouvoir de concentration égoïste, la voix est principalement magnétique, froide et forte. Il est magnétique, froid, fort et méprisant lorsque son propriétaire dit : « Ma malédiction sur toi ! » Lorsque les yeux de son propriétaire ont faim et soif de justice, la voix apporte un sentiment misérable et angoissé dans la gorge de ceux qui écoutent. Chaque émotion que trahit la voix est transmise au cerveau séduit de ceux qui écoutent. La femme aux cheveux roux entraîne son public jusqu'à des propos torturants, tout en gagnant elle-même, doucement et de sang-froid, honnêtement sa vie à la sueur de son front.

En vérité, il en est toujours ainsi.

Si tout le mépris et l'angoisse de la femme aux cheveux roux étaient réels, le public resterait impassible. Si le mépris et l'angoisse de la femme aux cheveux roux étaient réels, ils frapperaient vers l'intérieur – au lieu de s'adresser au public – et le public ne le saurait pas. Si le mépris et l'angoisse de la femme rousse étaient réels, ils ne sembleraient pas réels et seraient très inintéressants. Et c'est très probablement la raison pour laquelle le mépris et l'angoisse des autres femmes aux cheveux roux – et des femmes aux cheveux noirs, et aux cheveux bruns, et aux cheveux jaunes, et aux cheveux gris et aux cheveux pâles, qui ne travaillent pas sur scène – est tellement inintéressant et inefficace. C'est réel, et ils ne peuvent pas le mettre en scène, et donc cela ne semble pas réel – et vous n'avez pas besoin de payer pour que cela se réalise.

Pour que cela semble réel, ils doivent s'y prendre de sang-froid, y travailler et vous facturer un prix rond pour cela.

Marie-Madeleine n'est pas là pour faire ça, mais Mme Fiske prend sa place et le fait à sa place.

Elle le fait à merveille.

Si Marie-Madeleine elle-même – celle de la Bible – était parmi ceux qui regardent, elle serait sûrement émerveillée et admirée.

En attendant, pour ma part, j'ai deux visions de cette Marie-Madeleine.

L'une – dans l'un des actes où ses yeux ont faim et soif de justice – lorsqu'elle s'assoit devant une petite table et élève sa voix pathétique et douce avec les mots : « Quand l'aube se lèvera et que les ténèbres s'enfuiront » ; puis elle se lève et les cheveux roux sont tout aussi pathétiques et doublement envoûtants, et elle dit encore : « Quand l'aube se lèvera et que les ténèbres s'enfuiront. » Et l'autre vision est celle d'elle à la campagne au milieu d'une journée d'été, sous un ciel d'été, se balançant haut et imprudemment dans un hamac en forme de tonneau.

XI
COMME UN MUR DE PIERRE

MON AMI Annabel Lee m'a dit que des choses plus amères m'attendaient que je ne l'avais encore connu.

Des fois, je me suis demandé ce qu'ils pouvaient être.

"Quand vous les rencontrerez", a déclaré mon amie Annabel Lee, "ils seront si amers et s'intégreront si bien dans votre vie que vous vous demanderez que vous n'en avez pas toujours entendu parler, et vous vous demanderez pourquoi vous ne les avez pas toujours connus. ayez-les toujours.

« Les choses les plus amères que j'ai connues jusqu'à présent, dis-je, ont trait à l'amitié variable de l'un ou de l'autre que j'ai aimé. »

"Amitié variable?" dit Annabel Lee. "Mais l'amitié ne varie pas."

"Non, c'est vrai", répondis-je. "Je veux dire les différentes tromperies que j'ai reçues de la part de certains que j'ai aimés."

« Avec le temps, » dit mon amie Annabel Lee, « vous aimerez davantage, et vos tromperies seront d'un coup plus amères. Ce sera une expérience riche.

"Pourquoi riche?" J'ai demandé.

« Parce que grâce à cela, dit mon amie Annabel Lee, vous apprendrez à ne pas trop voir, à ne pas commencer avec foi, en fait, à prendre les biens que les dieux vous offrent et à vous efforcer d'en être reconnaissants. Vos autres expériences ont été pauvres à cet égard. Ils vous laissent des lueurs d'espoir, sans lesquelles vous seriez mieux. Ils sont pauvres et amers. Ce qui va venir sera riche et plus amer. Leur amertume vous empêchera d'en apprécier la richesse – jusqu'à ce que peut-être des années viennent les enlever immédiatement sous vos yeux. Dès qu'ils sont là où vous ne pouvez pas les voir, vous pouvez les considérer et apprécier leur richesse.

«Quels qu'ils soient, répondis-je, je ne pense pas pouvoir jamais apprécier leur richesse.»

"Alors vous serez très ingrat", a déclaré mon amie Annabel Lee.

Je l'ai regardée attentivement et elle m'a regardé à nouveau. Il y a des moments où mon amie Annabel Lee ressemble beaucoup à un mur de pierre.

« Oui », a déclaré mon amie Annabel Lee, « si jamais vous avez envie d'exprimer votre gratitude pour les bonnes choses de cette vie, assurez-vous d'exprimer votre gratitude pour la bonne chose. Il est très probable que vous n'aurez pas beaucoup de gratitude, et vous ne devez pas en gaspiller, mais ce que vous aurez sera de la plus excellente qualité. Car cela s'accumulera, et cette accumulation ira entièrement à la qualité. Et les choses pour lesquelles vous devez être reconnaissants sont les amertumes que vous avez connues. Si vous avez toujours pensé à céder à des éclats de gratitude pour cet air qui vient de la mer salée, pour cette ligne de perles et de violettes que vous voyez juste au-dessus de l'horizon, pour la santé de votre corps, pour le le sommeil qui vous vient à la fin de la journée, pour l'une de ces choses, alors débarrassez-vous immédiatement de cette idée. Ces choses sont très bien, mais elles ne vous sont pas vraiment données. Ils sont simplement placés là où chacun peut les atteindre avec peu d'effort. Les bons destins ne se soucient pas de savoir si vous les obtenez ou non. Leur responsabilité prend fin lorsqu'ils les laissent là. Mais les amertumes qu'ils donnent à chacun séparément. Ils vous donnent le vôtre, Mary MacLane, pour le vôtre. Ne dites pas *qu'ils* ne pensent jamais à vous.

«Je n'ai pas l'intention de le dire», dis-je.

« Vous constaterez, » dit mon amie Annabel Lee – sans remarquer mon interruption et avec des expressions curieuses dans sa voix et sur ses deux lèvres rouges – « vous constaterez que ces amertume surgissent de temps en temps dans votre vie, comme tant d'autres. jalons. Ils sont utiles en tant que tels, car bien sûr, vous aimez prendre des mesures le long de la route, de temps en temps, pour voir les progrès que vous avez réalisés. Sur certaines parties de la route, vous constaterez que vos progrès sont merveilleux. Si vous êtes reconnaissant et reconnaissant, au dernier jalon que vous avez atteint jusqu'à présent, vous exprimerez votre gratitude envers le bon sort. Autrement dit, non… » dit mon amie Annabel Lee, « vous ne ferez pas cela *à* la borne kilométrique, mais après l'avoir dépassée et avoir franchi un virage, et vous ne pourrez donc pas la voir même lorsque vous regarderez en arrière. »

"Mais pourquoi devrais-je exprimer ma gratitude là-bas ?" » demandai-je d'un ton qui devait être plutôt sans vie.

"Pourquoi?" répéta mon amie Annabel Lee. « Parce que grâce à ces étapes, vous aurez grandi en force ; car tu auras appris à prendre toutes choses tranquillement. Eh bien, après la toute dernière étape, j'ose dire que vous seriez capable de vous asseoir les mains jointes si une maison brûlait autour de vos oreilles !

« Ce qui doit vraiment être un triomphe », dis-je.

« Un triomphe ?... une victoire ! dit mon amie Annabel Lee avec des expressions encore plus curieuses. « Et les victoires ne sont pas ce que ce monde voit » – ce qui m'a rappelé des choses que j'entendais à l'école du dimanche il y a de nombreuses années. « Vous vous souvenez de l'histoire des Dix Vierges ? En prenant l'histoire au pied de la lettre, a déclaré mon amie Annabel Lee, le sort des cinq vierges folles est bien plus heureux. Ils éprouvèrent une rare amertume lorsqu'ils se retrouvèrent sans huile pour leurs lampes à une époque où l'huile était nécessaire. Ils ont gagné infiniment plus qu'ils n'ont perdu. Quant aux cinq Vierges Sages, eh bien, *je* n'aurais en *aucun* cas été l'une d'entre elles », a déclaré mon amie Annabel Lee. « Imaginez les natures misérables, méchantes, insensées, sans imagination et égoïstes qui pourraient rester insensibles à la simplicité de l'appel : « Donnez-nous de votre huile, car nos lampes sont éteintes ». Cela doit maintenant être cent fois plus amer pour eux, dit mon amie Annabel Lee, de penser qu'ils ont été transmis au cours d'une histoire sans fin comme des démons de l'égoïsme – et ils en sont maintenant là où ils ne peuvent, sans doute, pas mesurer leur amertume à l'aune des jalons de l'égoïsme. progrès."

« Alors, oui, » dit mon amie Annabel Lee, « quoi que vous fassiez d'autre au cours de votre vie, n'oubliez pas de conserver votre gratitude pour les amertumes que vous avez connues – et rappelez-vous que pour *vous* le plus amer est encore à venir. »

"Avez *-vous* , Annabel Lee," demandai-je, "avez-vous déjà connu le pire qui puisse arriver - et pouvez- *vous* vous asseoir les mains jointes au milieu d'une maison en feu?"

"Pas moi!" dit mon amie Annabel Lee en riant gaiement.

Encore une fois, je l'ai regardée attentivement et elle m'a regardé à nouveau.

Il y a certainement des moments où mon amie Annabel Lee est comme un mur de pierre.

XII
POUR TOMBER AMOUREUX

« J'ai adoré à la folie», a déclaré mon amie Annabel Lee. « Il est arrivé du pays du nord quelqu'un qui était sombre, fort, courageux et plein de feu vital. Toute ma courte vie avait été baignée par l'été. J'avais rêvé mes treize années sous les fleurs de cerisier sur une haute colline.

«Mais à l'arrivée de cet homme du pays du nord, j'ai ouvert mes deux yeux de prunelle, et le monde est devenu blanc - un blanc exquis, ravissant et divin.

« Et après, tout était d'un gris épais.

« Loin de la haute colline des cerisiers en fleurs, s'étendait une étendue de désert rouge et aride avec des rochers imposants – et au-delà, une mer calme et tranquille qui n'était que bleue.

« À gauche de la haute colline aux fleurs de cerisier, il y avait une montagne couverte de lierre vert – un lierre vert foncé qui définissait sa propre forme verte sur le ciel jaune brillant derrière lui. Vert et jaune, vert et jaune, vert et jaune, disaient le ciel et la montagne couverte de lierre.

« La haute colline des cerisiers en fleurs était colorée de toutes les couleurs du Japon.

« J'y vivais avec des gens – ma mère, mon père et quelques autres – tous au visage pâle et aux yeux de prunelle.

« Mais certains d'entre eux étaient très laids.

« Puis vint du pays du nord quelqu'un qui était sombre, fort, courageux et plein du feu de la vie.

« Il était laid, mais son visage était parfait.

« Je suis tout de suite tombé amoureux de celui-ci. Au Japon, quelle chose que de tomber amoureux !

« Là où les déchets rouges et stériles s'étendaient au-dessous de moi, je vis de multiples douceurs, comme la poitrine d'une colombe, comme les yeux d'un faon, comme des lys fondus, et les rochers imposants et sombres étaient la demeure de rêves violets.

« Dans le vert profond de la montagne de lierre, mon âme trouvait le repos à la tombée de la nuit, parmi le mystère et l'ombre. Il y errait dans une paix merveilleuse. Et la fraîcheur, l'humidité et le murmure sourd du vent et des oiseaux de nuit y pénétraient avec une influence puissante et émouvante. De plus, des voix venues d'il y a très longtemps venaient du lierre vert et sombre et des crevasses des pierres grises en dessous, et elles me disaient des choses vraies dans le silence.

« De la profondeur du ciel jaune brillant – le jaune du laiton bruni – surgirent des légions de contradictions vieilles sur terre. Et un merveilleux paradoxe et un parallèle qui n'existait pas parmi les fleurs de cerisier m'apparurent alors que mon esprit les contemplait. J'ai dit : Suis-je ainsi amoureux parce que je suis faible, ou parce que je suis fort ? Car je vois ici qu'il s'agit à la fois de faiblesse et de force. Et j'ai dit : Suis-je moi-même quand je fais cette chose ? ou était-ce moi qui vivais parmi les fleurs de cerisier ? J'ai dit : Qui suis-je ? Que suis je?

« Au-dessous de tout, il y avait la mer bleue et large. Cette mer dégageait une brume blanche qui s'élevait et se répandait sur la terre. Je savais que j'étais amoureux, une fois pour toutes.

« Le monde était blanc. Le monde était beau. Le monde était divin.

« La vie brillait hors de la brume, indescriptible dans ses innombrables possibilités. Des voix parlaient près de moi et des voix infinies m'appelaient de loin - elles sonnaient claires et faibles et exaspérantes, douces et tendres, et mon âme leur répondait avec une musique silencieuse assourdissante et joyeuse.

« Celui du pays du nord, qui était sombre, fort, courageux et plein de feu vital, arriva quelques jours sur la haute colline des cerisiers en fleurs. Il parlait souvent et de beaucoup de choses. Il parlait aux gens – à ma mère, à mon père et à d'autres. Et rarement il me parlait. Il me regardait rarement. Il avait vécu dans le grand monde. Il connaissait des femmes et des hommes merveilleux. Il avait été touché par toutes choses.

« Quel être humain était-il !

« Et entre toutes choses au Japon, quelle chose c'est de tomber amoureux !

« Au bout de trois jours, mon cœur connut un ravissement au-delà de tout ce dont il avait rêvé. Elle connaissait les mystères et les plénitudes.

« Après trois jours, le monde s'est tourné vers ce blanc divin et est resté blanc pendant sept jours.

« Et après, tout était d'un gris épais.

« Celui du pays du Nord est retourné au pays du Nord.

« Au Japon, quelle chose c'est de tomber amoureux !

«Je n'étais pas amoureux de celui-ci parce que c'était un homme, ou parce qu'il était étrange et fascinant, mais parce que c'était un être humain glorieux.

« Mon cœur n'était pas tourné vers celui-ci pour l'épouser. Se marier et donner en mariage sont réservés à ceux qui aiment inconsciemment.

« Voir celui-ci du pays du Nord – entendre sa voix – c'était la vie et tout pour moi – la vie et tout.

« Mais il était parti.

« Il a laissé un silence et une lassitude.

« Ceux-ci sont venus chasser le blanc de mon cœur et y ont eux-mêmes trouvé refuge.

« Et tout était d'un gris intense.

« L'image de la vie, du mystère et de l'ombre qui m'ont été révélés lorsque le monde était blanc n'a jamais disparu. Cela m'a rempli, dans ma jeunesse, d'une vieille terreur.

« Au Japon, quelle chose c'est de tomber amoureux !

« Tomber amoureux ! » — disait mon amie Annabel Lee, tandis que ses deux yeux et ses deux mains blanches, dans leur expression, leur position, racontaient une chose qui déchirait le cœur à voir.

XIII
QUAND JE SUIS ALLÉ AU LYCÉE DE LA BUTTE

« IL fut un temps, dis-je à mon amie Annabel Lee, où j'allais au lycée Butte. J'y pense maintenant avec des sentiments mêlés.

«Vous étiez plus jeune à l'époque», a déclaré mon amie Annabel Lee.

«J'étais plus jeune et, à cette époque, je considérais encore la vie comme quelque chose qui s'ouvrirait un jour en grand et me montrerait des choses merveilleuses et belles. Et pendant ce temps, j'allais tous les jours au Butte High School. J'ai trouvé cet endroit très intéressant – bien plus intéressant que le reste du monde depuis lors. J'avais seize, dix-sept et dix-huit ans, et les choses n'étaient pas brillamment colorées, et j'ai donc fait beaucoup de choses avec une imagination vive de tout ce qui se présentait sur mon chemin.

« Et que fais-tu, maintenant que tu as vingt et un ans ? a dit mon amie Annabel Lee.

"Je m'assois tranquillement", répondis-je, "et je ne souhaite pas, je n'attends pas - et je repense aux jours passés au lycée de Butte avec des sentiments mêlés."

« Même sans le savoir, dit mon amie Annabel Lee, vous pensez encore à des choses liées à ce qui s'ouvrira un jour à merveille pour vous. Mais peu importe, ajouta-t-elle précipitamment, alors que j'allais dire quelque chose, parlez-moi du lycée Butte.

« C'était un endroit, dis-je, où étaient rassemblés de nombreux phénomènes intéressants, et où j'ai étudié Virgile, je l'ai aimé et j'y ai été bon ; et où j'ai étudié la géométrie, je l'aimais et j'en savais moins chaque jour que je l'étudiais ; — et j'ai toujours étudié de près les personnes que je rencontrais quotidiennement au lycée de Butte. Je me souviens très clairement de chaque membre de la classe de quatre-vingt-dix-neuf personnes. Ma mémoire évoque pour moi des visions étranges et fantastiques sur des fonds pittoresques qui font appel à mon sentiment d'incongruité délicate, d'autant plus que vu sous cette lumière et de cette distance.

"Quels sont certains d'entre eux?" a dit mon amie Annabel Lee.

« Il y en a une, dis-je, d'une fille que j'ai toujours appelée dans mon esprit The Shad, à cause de cela, elle était si fade, si plate et si silencieuse, et elle avait la mauvaise habitude de me demander d'écrire. ses exercices de latin, qui ressemblaient peut-être moins à un shad qu'à une personne ; et il y a celui d'une jeune fille qui passait de longues heures de la journée à écrire de très longues lettres à son bien-aimé, mais qui savait malheureusement peu de choses sur les leçons dans les salles de classe ; et il y a celui d'une jeune fille qui apportait chaque jour à l'école une petite bouteille de whisky pour égayer ses heures d'obscurité, - elle était quotidiennement rappelée et descendue par le professeur de français à cause de son français excessivement mauvais, et la vie avait semblé ennuyeuse pendant elle, sans le contenu âcre du flacon ; il y en a une d'une étrange fille aux cheveux fauves qui était assise en face de moi dans une allée étroite dans la salle de réunion pendant ma dernière année à l'école, et qui gardait son bureau soigneusement empilé avec les œuvres (elle les appelait des œuvres) d'Albert Ross – et après les avoir lues, très gentiment, elle se penchait et répétait les histoires, avec des citations textuelles, pour mon bénéfice ; – sa position dans ses cours n'était pas brillante, mais chez Albert Ross, elle était minutieuse ; il y a celui d'une jolie et intelligente fille qui était malveillante – extrêmement malveillante dans toutes ses voies et dans tous ses actes, et apparemment aucune pensée ne lui venait à l'esprit qui n'en fût lourde – elle était malveillante en algèbre, malveillante en littérature, malveillante en ancien l'histoire, malveillante dans la culture physique, malveillante dans l'écriture de thèmes courts - et quand il se produisait que j'échouais dans une récitation ou que j'étais stupide, elle me regardait et souriait très gentiment et malicieusement ; et il y a celui d'une jeune fille dont les grossièretés bizarres et volubiles me hante encore. Et surtout il y a dans ma mémoire une photo de tous ceux-là, le jour de notre remise des diplômes, recevant chacun un beau diplôme blanc enroulé et soigneusement noué aux couleurs de la classe – une photo de ceux-là et des autres, – nous étions cinquante-neuf en tout. Et les diplômes indiquaient tacitement, en lettres très lourdes, que nous étions tous bons depuis quatre ans et que nous avions rempli toutes les exigences du lycée de Butte. C'est ce que nous avions fait, sans aucun doute, mais combien d'entre nous avaient fait pour lequel nos diplômes ne nous accordaient pas de crédit ! En vérité, rien n'y était dit, en lettres absorbées, sur les cours de lettres d'amour, de grossièretés ou de méchanceté, et Albert Ross n'était pas au programme.

« Et le président de la commission scolaire a distribué ces diplômes, avec un discours court et précis pour chacun, un jour de juin pluvieux – mais il ne se rendait pas compte à quel point ils étaient insignifiants.

« Et mon esprit évoque également la vision de deux avec qui j'avais l'habitude d'emmener ce que nous appelions des clochards, au cours de notre dernière année au lycée – loin en bas et hors de Butte, les samedis et autres jours où il n'y avait pas d'école. Je me souviens très bien de ces deux-là et de ces clochards – et je ne peux pas non plus penser qu'après seulement quatre ans, les deux eux-mêmes ont oublié. L'un d'eux était un individu dont je n'ai plus connu l'équivalent depuis. Elle me rappelait parfois Cléopâtre et parfois Peg de Limmavaddy. Elle était d'origine irlandaise et avait une longue crinière noire tressée derrière et deux yeux conscients et sinistres du genre connu sous le nom de bleu irlandais. Elle avait suffisamment d'intelligence dans sa tête, mais n'étudiait pas beaucoup. Ses façons de vivre la vie étaient souvent très douteuses. Elle pesait beaucoup de kilos. Son expérience du monde était vaste et pour moi, elle était fascinante. Pour elle, elle avait toujours eu un peu peur de moi, tellement peur, en vérité, que si je disais une chose drôle, elle devait avoir besoin de rire, avec une gaieté forcée et fictive ; si je lui disais qu'elle n'avait pas d'âme, il faudrait qu'elle soit abjectement d'accord avec moi, quoiqu'elle fût une bonne catholique ; si je la désapprouvais, elle frissonnait et se taisait. Des noms et des robes fantaisistes (bien que les robes de cette dame aient toujours été fantaisistes) ont été choisis pour ces expéditions de vagabondage. Le nom fantaisiste de celui-ci s'appelait Muddled Maud. Sans raison particulière, je crois, mais elle le portait bien. L'autre membre de notre trio était d'un type moins extraordinaire. Elle était forte de taille et savait beaucoup de choses sur certaines choses. Elle était très douée en histoire et, à la maison, elle savait faire des tartes, des gâteaux et du pain. Il est vrai que son gâteau parfois collait, et parfois s'enfonçait au milieu, et lorsqu'elle découpait une volaille, elle ne parvenait pas toujours à toucher les articulations. Et elle était du genre à prononcer toujours image, « pichet ». Elle était également connue comme une fille très sensée. Je peux la voir maintenant avec un ruban violet autour du cou et un imperméable marron en entrant au lycée par une matinée humide. Quand nous allions marcher, elle portait habituellement une immense robe de mère Hubbard gris-blanc, ceinturée à la taille, et un large chapeau plat qui la faisait ressembler un peu à un tabouret. Son nom fantaisiste était Emancipated Eva. Émancipée, en vérité, elle l'était. Au lycée, elle était digne et calme, mais lors de nos vagabondages, elle sautait fréquemment comme un jeune agneau, et gambadait et gambadait là-bas, à la campagne.

« Celle qui s'appelait Muddled Maud fouillait et gambadait également — et elle personnifiait toujours mon idée du nom français *abandonner*.

«Aussi, je fouillais et gambadais à cette époque-là, loin dans le pays.

« Le nom fantaisiste que j'ai choisi était Refreshment Rosanna — et je ne peux pas dire pourquoi. Mais on pensait que c'était un bon nom pour une clocharde. Nous sommes partis sur ces vagabonds à six heures du matin. Nous nous levions de notre lit à cinq heures, et à six heures moins dix, je rencontrais Muddled Maud au coin des rues Washington et Quartz, en contrebas de sa maison. Ensemble, nous descendrions East Park Street jusqu'à la maison d'Emancipated Eva. Ensuite, nous avons marché sept ou huit miles à l'air libre et sauvage.

« Nous emportions des choses à manger, parfois beaucoup de choses, parfois quelques-unes. Times Muddled Maud ne proposait qu'un curieux petit pain à la gelée, et Emancipated Eva arrivait chargée de morceaux de bœuf durs, et je ne pouvais montrer qu'une assiette de fudge. Mais d'autres fois, il y avait des tartes, des pâtés à la viande et des chaussons, et du jambon à la diable, et du poulet à la diable, et du veau à la diable, et de la langue à la diable, et des poissons à la diable de toutes sortes, et quelques bouteilles de bière brune d'octobre, et des sardines *à l'huile* , et olives vertes et vertes. Seulement, plus il y en avait, plus il était difficile à transporter. Mais parfois, Muddled Maud transportait beaucoup de choses avec peu d'effort - elle se parait du déjeuner - un long morceau de maillon de saucisse autour de son cou comme une chaîne, et sur son chapeau, solidement retenu par des épingles à bonnet, de gros citrons jaunes. , et deux bananes croisées devant comme les petits fusils sur un chapeau de soldat, et des grappes de raisin Catawba éparpillées ici et là, et des poires suspendues par leurs petites tiges derrière.

« La matinée trop matinale a empêché tout le monde d'être vu des habitants de Butte, et nous ne sommes rentrés chez nous que lorsque l'obscurité amicale est venue.

« C'étaient des expéditions fascinantes – et à qui appartenait la gloire ? La mienne était la gloire. C'est moi qui les ai inventés. C'est moi qui savais qu'il n'y avait personne de plus apte à une absurdité aussi délicate que celle que nous appelions Muddled Maud ; et après elle, personne n'était aussi apte que la belle, la bonne humeur, l'émancipée ; et avec eux deux, moi. Et je les ai fait sortir, et je les ai ramenés, et j'ai dit que les choses devaient être ceci et cela, et aussitôt elles étaient ceci et cela. Et nous en profitions, l'air pur était dans nos poumons et la vie dans nos veines, car nous n'avions chacun que dix-huit ans et étions pleins de jeunesse. Mais c'était surtout fascinant parce que nous étions trois parmi trois manières de vivre et de raisonner très différentes. Car je n'étais pas comme Eva Emancipated, ni encore comme Muddled Maud ; et Eva Émancipée n'était pas comme moi, ni encore comme Muddled Maud ; et Muddled Maud n'était pas comme Emancipated Eva, ni encore comme moi.

« Certes, il y avait dans ma commande certaines choses que ni l'une ni l'autre ne trouvaient enchanteresses. Pourquoi le MacLane devrait-il s'occuper de toutes les commandes ? ils murmuraient entre eux, mais ils n'osaient pas se révolter ouvertement, donc tout allait bien.

« Mais maintenant, ceux-ci ont disparu.

« Nous étions tous les trois diplômés du Butte High School avec les cinquante-neuf autres sur quatre-vingt-dix-neuf, et avions chacun un beau diplôme blanc, et nous avons continué notre chemin.

« Celle qui était comme Cléopâtre et Peg de Limmavaddy enseigne dans une école, selon les dernières nouvelles que j'ai entendues, dans le nord du Montana ; et celle qui était émancipée Eva est partie depuis longtemps en

Californie, elle est mariée et tient une maison ; et pour moi, je suis ici, loin de Butte, avec toi, Annabel Lee, certaines choses ayant été faites entre-temps.

« Mais même si les deux sont partis, je garantis qu'ils n'ont pas oublié. Ils n'ont pas oublié le Butte High School, ni la classe de quatre-vingt-dix-neuf ans, ni les vagabonds que nous avons fréquentés, ni leur tyran, moi.

« Et j'ose dire qu'ils se souviennent tous de leur Butte High School – elle des lettres d'amour, elle de la bouteille de whisky, elle l'élève d'Albert Ross, elle des grossièretés, elle de la méchanceté, The Shad, – et de tous les à cinquante-neuf ans, les jeunes féminins et les jeunes masculins. Certains sont mariés, d'autres ont pris l'avion, et certains d'entre eux ont grandi et sont différents, « et certains d'entre eux gisent dans le cimetière, et certains sont partis en mer ».

« Mais chaque fois que j'ai envie de fermer les yeux et de regarder en arrière, je peux les voir tous, une compagnie pittoresque.

« De plus, chaque fois que j'ai envie de fermer les yeux et de regarder en arrière vers la vie, alors qu'elle était incroyablement brillante en termes de possibilités à espérer et qu'elle était marquée de carreaux et d'anneaux multicolores, cela me ramène à l'époque où j'allais au Lycée Butte et a étudié la géométrie et Vergil. Seulement, je suis content de ne pas y être maintenant.

"Pourquoi?" a dit mon amie Annabel Lee.

« C'est plutôt pitoyable et épouvantable de penser qu'on a dix-sept ans, qu'on est allé chaque jour au Butte High School et qu'on a imaginé à quel point la vie serait merveilleuse, belle, un jour », dis-je, et tout à coup je me sentais très las.

XIV
« ET MARY MACLANE ET MOI »

Il y a des moments dans plusieurs jours où mon amie Annabel Lee et moi fumons une cigarette ensemble. Mon amie Annabel Lee, avec sa cigarette, sa petite forme très colorée enveloppée de nuages d'un gris fin et exquis, est plus que tout suggestive et impénétrable. Elle appuie ses deux coudes sur quelque chose et me regarde.

Moi avec ma cigarette je ne suis rien mais moi avec ma cigarette. Je l'apprécie, mais je ne suis pas belle avec, ni fascinante.

Mais mon amie Annabel Lee est tout ce que mon imagination peut absorber. Sous l'influence du gris fin et exquis, elle devient fantaisiste, et subtilement et indéfiniment elle me rencontre quelque part et me tend un instant la main.

« Vous ne connaissez pas, dit mon amie Annabel Lee avec sa cigarette, cette vieille chanson qui dit :

« Mary Seaton,
et Mary Beaton,
et Mary Carmichael,
et moi » ?

Je pense que c'est Mary Stuart d'Écosse qui dit cela. Et c'est une très bonne chanson. Mais tout à l'heure, pour *moi*, si j'étais Marie Stuart d'Écosse, pauvre misérable petit rat, je dirais :

"Mary MacLane,
et Mary MacLane,
et Mary MacLane,
et moi."

Car ne sommes-nous pas ici tous les deux, fumant tranquillement, et le monde ne tourne-t-il pas ?

J'étais enchanté. Combien rares sont les moments où mon amie Annabel Lee est comme ça, chaleureuse et amicale, légèrement méprisante et encline au grotesque.

C'est pour qu'elle devienne humaine et en quelque sorte proche de moi.

"Oui, je devrais dire Mary MacLane, et Mary MacLane, et Mary MacLane, et moi", a déclaré mon amie Annabel Lee depuis ses nuages doucement gonflés.

« Il y a des moments où vous êtes doux et satisfaisant comme un chat gris. Si je te caresse, tu ronronneras. Si je te donne de la crème, tu la laperas. Et puis tu te blottiras chaudement sur mes genoux et dormiras et ronronneras et ouvriras et fermeras tes petites pattes de fourrure.

"Je vais m'asseoir près du feu
et lui donner à manger,
et la chatte m'aimera
parce que je vais bien."

Quelle littérature est plus littéraire que Mother Goose ? a dit mon amie Annabel Lee. « Et m'aimeras-tu parce que je suis bon ? Ne vous est-il pas venu à l'esprit qu'il faut aimer ce qui est bien et parce que c'est bien, pauvre et misérable petit rat, et qu'il faut haïr ce qui est mal ? Regardez-moi, regardez-moi ! Est-ce que je vais bien ?

Je l'ai regardée. Certes, elle était bonne. A ce moment-là, elle eut un regard d'ange.

"Est-ce que tu m'aimes?" dit mon amie Annabel Lee avec sa cigarette.

"Oh, oui," dis-je.

"Regarde-moi encore, suis-je méchant ?" a dit mon amie Annabel Lee.

"Je présume que c'est le cas", répondis-je, car elle avait alors l'air vindicative et vicieuse.

"Et est-ce que tu me détestes?"

"Non", dis-je.

"Alors tu es très mauvais et méchant toi-même, pauvre et misérable petit rat", dit mon amie Annabel Lee avec sa cigarette, "et le monde et toutes les bonnes personnes te condamneront."

«Je crains», dis-je avec ma cigarette, «que le monde et toutes les bonnes personnes fassent déjà cela.»

"Ah, c'est vrai !" a dit mon amie Annabel Lee. « N'importe, je prendrai soin de toi, pauvre et misérable petit rat ; Je rendrai tout doux pour toi ; Je garderai le froid à l'écart ; Je colorerai la matité ; Je vais combattre la foule.

"Et moi", répondis-je, "si c'est pour cette raison que vous le faites, je remercierai le monde et toutes les bonnes personnes de m'avoir condamné."

«Cela a été parfaitement dit», a déclaré mon amie Annabel Lee. "Mais laissez-moi vous dire que lorsque le monde deviendra doux, je deviendrai dur, dur comme des clous."

« Alors laissez le monde rester dur », dis-je, « dur et amer comme l'absinthe, s'il le veut, afin que vous veniez vraiment si amicalement avec moi à travers ces nuages gris. »

«Cela aussi était très chouette», a déclaré mon amie Annabel Lee; « Mais cela montre surtout qu'un oiseau dans la main en vaut deux dans la brousse. Quelle littérature est plus littéraire que les proverbes ? Que vaut un oiseau dans la main ? a dit mon amie Annabel Lee.

«Deux dans la brousse», dis-je.

« Où commence la charité ? a dit mon amie Annabel Lee.

"À la maison", dis-je.

« Que couvre-t-il ? » a dit mon amie Annabel Lee.

«Une multitude de péchés», dis-je.

"Qu'est-ce qu'une miss aussi bien ?" a dit mon amie Annabel Lee.

"Un mile", dis-je.

"Qu'est-ce qui fait avancer la jument ?" a dit mon amie Annabel Lee.

"L'argent", dis-je.

« De qui la conscience rend-elle des lâches ? a dit mon amie Annabel Lee.

"Nous tous", dis-je.

"Qu'est-ce qu'un point à temps permet d'économiser ?" a dit mon amie Annabel Lee.

«Neuf», dis-je.

"Quand un imbécile et son argent se séparent-ils?" a dit mon amie Annabel Lee.

«Bientôt», dis-je.

"Qu'est-ce que trop de cuisiniers gâchent ?" a dit mon amie Annabel Lee.

«Le bouillon», dis-je.

"Qu'est-ce qu'un cerveau inactif ?" a dit mon amie Annabel Lee.

"L'atelier du diable", dis-je.

« Que peut regarder un chat ? » a dit mon amie Annabel Lee.

« Un roi », dis-je.

"Qu'est-ce qui est plus étrange que la vérité ?" a dit mon amie Annabel Lee.

"Fiction", dis-je.

"Qu'y a-t-il entre eux de nombreux écarts ?" a dit mon amie Annabel Lee.

"La coupe et la lèvre", dis-je.

"Comment les oiseaux qui se ressemblent s'assemblent-ils?" a dit mon amie Annabel Lee.

"Ensemble", dis-je.

« Que font les imbéciles là où les anges ont peur de marcher ? a dit mon amie Annabel Lee.

« Dépêchez-vous », dis-je.

"Que font beaucoup de Mickle?" a dit mon amie Annabel Lee.

"Un muckle", dis-je.

« Que feront les livres si vous prenez soin du centime ? » a dit mon amie Annabel Lee.

"Prenez soin d'eux-mêmes", dis-je.

« Que font les malédictions, comme les poulets ? » a dit mon amie Annabel Lee.

«Rentre à la maison, dis-je.

"Qu'est-ce qui ne tourne pas ?" a dit mon amie Annabel Lee.

"Une longue voie", dis-je.

« Que souffle un vent mauvais ? a dit mon amie Annabel Lee.

"Personne n'est bon", dis-je.

« À quoi un homme miséricordieux est-il miséricordieux ? a dit mon amie Annabel Lee.

"Sa bête", dis-je.

"Qu'y a-t-il de mieux à faire que de casser ?" a dit mon amie Annabel Lee.

"Pliez-vous", dis-je.

« Que vaut une once de prévention ? » a dit mon amie Annabel Lee.

"Une livre de remède", dis-je.

"Qu'y a-t-il rien d'aussi doux dans la vie ?" a dit mon amie Annabel Lee.

"Le jeune rêve de l'amour", dis-je.

"Que fait l'absence?" a dit mon amie Annabel Lee.

"Le cœur devient plus affectueux", dis-je.

« Quelle odeur aurait une rose portant un autre nom ? » a dit mon amie Annabel Lee.

"Aussi doux", dis-je.

"Comment l'Assyrien est-il descendu ?" a dit mon amie Annabel Lee.

"Comme un loup sur le troupeau", dis-je.

« De quoi brillaient ses cohortes ? a dit mon amie Annabel Lee.

"Violet et or", dis-je.

« Quel était l'éclat de leurs lances ? » a dit mon amie Annabel Lee.

« Des étoiles sur la mer », dis-je.

"Quand?" a dit mon amie Annabel Lee.

«Quand la vague bleue déferle la nuit sur la profonde Galilée», dis-je.

« Tout cela prouve, dit mon amie Annabel Lee, que je n'ai qu'à jouer du violon et tu danseras, pauvre et misérable petit rat. Et ma pensée est la suivante : qu'y a-t-il de mieux que d'être deuxième à Rome ?

«D'abord dans un petit village ibérique», dis-je.

«Mais je ne sais pas si c'est le cas ou non», a déclaré mon amie Annabel Lee. « Un jour, toi et moi irons dans le grand et vaste monde. Ensuite, nous verrons qui sera le premier et qui sera le deuxième. Le grand et vaste monde est le meilleur endroit où nous trouver. Et quelle que soit la situation dans laquelle nous nous trouvions auparavant, nous serons certainement situés différemment dans le vaste monde. Dans le vaste monde, il y aura des pommes – des pommes en quantité suffisante pour vous et pour moi. Mais qui sait? pauvre misérable petit rat ; il se peut que votre sort soit constitué *de toutes* les pommes sucrées et juteuses, tandis que je recevrai les trognons. Dans le vaste monde, il y aura des shortcakes aux framboises rouges mûres – assez pour vous et pour moi. Mais qui sait? pauvre misérable petit rat ; il se peut que votre lot soit toutes les framboises rouges mûres, tandis que je recevrai les croûtes. Dans le vaste monde, il y aura des cigarettes – des cigarettes en quantité suffisante pour vous et pour moi. Mais qui sait? Pauvre misérable petit rat ; il se peut que votre sort soit *tout* le fin tabac égyptien et le papier de

riz et des nuages et des nuages et des nuages de gris perle, de doux gris perle,
pour vous envelopper, tandis que j'irai chercher dans des boîtes vides toute
la journée, et jamais un cigarette. Dans ce cas, le mien finira par être de loin
le meilleur, dit mon amie Annabel Lee, selon la loi de la compensation.

"Oh cher!" » dit mon amie Annabel Lee avec irritabilité ; « Pourquoi restes-
tu assis là à regarder bêtement ? Parle et amuse-moi, pourquoi pas ? Fais-moi
me sentir douce et contente.

« Si je n'étais que cela moi-même, Annabel Lee », dis-je. « Je ne peux pas
parler de manière intéressante, mais si vous le souhaitez, je vous demanderai
les proverbes et vous pourrez y répondre. Cela m'a beaucoup amusé et cela
m'a donné un merveilleux sentiment de satisfaction, comme si j'avais sept
ans et que je connaissais parfaitement ma leçon.

"Vous demandez et je réponds?" a dit mon amie Annabel Lee. "Très bien.
Mais je ne connais pas parfaitement ma leçon. Commencer."

« Que vaut un oiseau dans la main ? » dis-je.

«Une livre de remède», a déclaré mon amie Annabel Lee.

"Qu'est-ce qu'un point à temps permet d'économiser ?" dis-je.

«Deux dans la brousse», a déclaré mon amie Annabel Lee.

« Où commence la charité ? dis-je.

«Entre la coupe et la lèvre», a déclaré mon amie Annabel Lee.

« Que peut regarder un chat ? » dis-je.

«Le bouillon», a déclaré mon amie Annabel Lee.

"Que font beaucoup de Mickle?" dis-je.

« Une multitude de péchés », a déclaré mon amie Annabel Lee.

"Qu'est-ce que trop de cuisiniers gâchent ?" dis-je.

«Nous tous», a déclaré mon amie Annabel Lee.

« De qui la conscience rend-elle des lâches ? dis-je.

« Des hommes morts et des imbéciles », a déclaré mon amie Annabel Lee.

"Qu'est-ce qui ne tourne pas ?" dis-je.

« L'estomac plein », a déclaré mon amie Annabel Lee.

« Qu'est-ce qui fortifie un cœur vaillant ? dis-je.

«Un point dans le temps», a déclaré mon amie Annabel Lee.

« Que rapporte l'argent ? » dis-je.

« Un vent mauvais », a déclaré mon amie Annabel Lee.

« Que feront les livres si vous prenez soin du centime ? » dis-je.

«Revenez à la maison», m'a dit mon amie Annabel Lee.

"Où y a-t-il beaucoup de faux pas ?" dis-je.

«Là où les anges ont peur de marcher», a déclaré mon amie Annabel Lee.

"Qu'y a-t-il de plus tranchant qu'une dent de serpent ?" dis-je.

«Le stylo», a déclaré mon amie Annabel Lee.

« Qu'y a-t-il de plus puissant que l'épée ? dis-je.

« Un homme riche », a déclaré mon amie Annabel Lee.

"Qu'est-ce qui fait avancer la jument ?" dis-je.

« Un imbécile et son argent », a déclaré mon amie Annabel Lee.

« Que doivent faire ceux qui vivent dans des maisons de verre ? dis-je.

«Baissez les stores», m'a dit mon amie Annabel Lee.

"Qu'est-ce qu'un château d'homme ?" dis-je.

« L'atelier du diable », a déclaré mon amie Annabel Lee.

"Qu'y a-t-il de mieux à faire que de casser ?" dis-je.

«Rob Peter», a déclaré mon amie Annabel Lee.

« À quoi est tempéré le vent ? dis-je.

« Le chameau est de retour », a déclaré mon amie Annabel Lee.

« Que font plusieurs mains ? » dis-je.

«Un agneau tondu», a déclaré mon amie Annabel Lee.

"Qu'est-ce qu'on ne peut pas faire avec une oreille de cochon ?" dis-je.

"Un cheval-cadeau", a déclaré mon amie Annabel Lee.

"Qu'est-ce qu'il ne faut jamais regarder dans la bouche ?" dis-je.

«Un sac à main en soie», a déclaré mon amie Annabel Lee.

« Qu'est-ce qui vaut mieux qu'un demi-pain ? » dis-je.

« Les poulets avant qu'ils n'éclosent », a déclaré mon amie Annabel Lee.

"Mais ne jouons plus à ça", a déclaré mon amie Annabel Lee. «Je suis languissant et fatigué. Ne peux-tu pas me parler — et parler pour que je me sente reposé et à l'aise ? Et ne regarde pas !

« J'ai peur de ne pas pouvoir vous amuser. Je suis désolé, dis-je. Vous pouvez m'envier, Annabel Lee. Vous n'avez pas Annabel Lee à regarder. La vie ne vous paraîtrait-elle pas riche et pleine si vous pouviez voir devant vous vos propres yeux vagues et violets, et vos lèvres rouges et rouges, et ces mains de pouvoir et de romantisme - vous, avec votre robe écarlate et les marguerites d'or qui s'approchent et s'effacent. loin dans la brume ?

"Non, pas particulièrement", a déclaré mon amie Annabel Lee. « J'aime plutôt *votre* apparence », ajouta-t-elle, et ses yeux violets devinrent moins vagues : « assise là dans votre petite robe noire ; et vous tirez sur ce tabac un peu comme un moteur de jouet. Viens, tu m'amuses, tu me plais. Viens près de moi."

Elle tendit une de ses mains et ses yeux violets se transformèrent soudainement en quelque chose d'assez rarement et d'indescriptiblement amical.

J'ai ressenti beaucoup de choses de la vie.

Mon amie Annabel Lee posa la main qu'elle avait tendue sur mon épaule.

« Quand nous entrerons dans le grand et vaste monde, Mary MacLane, dit-elle, et que vous aurez toutes les pommes, tous les sablés aux framboises rouges mûres et toutes les cigarettes, alors peut-être les partagerez-vous *avec* moi ? »

J'ai dit que je le ferais.

XV
UNE HISTOIRE DE CUILLÈRES

QUAND mon amie Annabel Lee en aura envie, si je l'en prie, elle me racontera des histoires pittoresques et fantastiques, telles qu'elles se cachent dans les crevasses poussiéreuses de ce monde. Ces contes sont restés là depuis des siècles, et les araignées ont tissé des toiles autour d'eux, de sorte que lorsque, par hasard, on les ressort, des morceaux de fines fibres grises se retrouvent parmi les lignes.

Hier, une jolie et simple histoire de mon amie Annabel Lee qui me traverse l'esprit.

« Il y a bien longtemps, » a déclaré mon amie Annabel Lee, « vivait en Égypte une famille de spatules spatules bien nées mais mal élevées dans un marais vert au bord du grand fleuve vert Nil. Cette famille était au nombre de cinq, et ils étaient unis et vivaient en paix. Il y avait le père et la mère, deux filles et un fils. Et il y avait eu un autre fils, mais il était mort. Et leurs noms étaient Maren Spoon-bill, la mère ; et Oliver W. Spoon-bill, le père ; et Lilith Spoon-bill, la fille aînée ; et Delilah Spoon-bill, la plus jeune fille. Et le nom du fils était Le Page Spoon-bill.

« Le fils décédé s'appelait Roland Spoon-bill. Il a été enterré au bord du marais, et son nom et la date ont été gravés sur une tablette carrée en bois noir à sa mémoire au tête de la tombe. Il y avait aussi cette légende sur la tablette : « 15 ans. Parti aux beaux jours de sa jeunesse vers son dernier repos. Mais ses vertus sont toujours parmi nous.

«Et la petite Delilah Spoon-bill, qui était une enfant élémentaire et fantaisiste de neuf ans, avait l'habitude de regarder cette légende et de s'interroger à son sujet. Un saule pleureur pendait au-dessus de la tombe, et Dalila se tenait près de lui, ramassant les moucherons sur ses branches avec son bec et spéculant sur la légende. Elle se demandait d'abord ce que signifiait « bonjour ». Est-ce que c'était quelque chose comme un jour d'anniversaire ? Ou bien était-ce au contraire un jour où tout s'est mal passé et s'est terminé par l'enfermement d'une personne dans une chambre obscure ? Ou peut-être était-ce une journée de pique-nique – avec des tartes à la confiture rouge ? Dans ce cas, Dalila se sentit vraiment désolée pour son frère qu'il soit mort un tel jour, car s'il y a un article de régime que les cuillères aiment vraiment, ce sont les tartelettes à la confiture rouge, préparées à la manière des Canadiens.

« Mais elle n'a jamais pu décider.

« Et une autre chose à propos de l'épitaphe qui l'a intriguée était la clause finale : « mais ses vertus sont toujours avec nous ». Quelles pourraient être les vertus ? se demanda-t-elle. Étaient-ils comme des plumes, ou étaient-ils bons à manger, ou était-ce quelque chose qu'elle n'avait jamais vu et dont elle ne savait rien ? Mais les lettres disaient clairement : « ses vertus sont toujours parmi nous ». En vérité, s'ils faisaient partie des biens familiaux, pourquoi ne les avait-elle pas vus ? Car tout ce qui appartenait à un membre de la famille Spatule-bille et qui sortait du tout de l'ordinaire était toujours placé dans une armoire en chêne avec des portes vitrées qui se trouvait dans un coin du couloir de leur maison des marais. Dalila avait souvent regardé dans ce cabinet si les vertus de son frère n'y étaient pas. Il y avait des peaux de serpent séchées, de curieuses pierres blanches, de la mousse espagnole et des tabatières du diable – mais non, il n'y avait pas de vertus. Elle en était convaincue. Elle a fait appel à sa sœur aînée. « Lilith, dit Dalila, que *sont* les vertus, et où conservons-nous celles de Roland ? Ne savez-vous pas qu'il est écrit sur la pierre tombale : "ses vertus sont toujours avec nous".

« 'N'es-tu pas idiot !' dit Lilith en riant avec la dérision de Spoonbillish. Lilith avait douze ans, et on en sait bien plus à douze qu'à neuf ans. « Les vertus ne sont rien. Et quant à ceux de Roland, cela ne veut pas dire qu'il nous les a laissés, pas plus qu'il les a emmenés avec lui.

« 'Alors qu'est-ce que ça *veut* dire ?' dit Dalila. «J'y ai tellement réfléchi.»

« 'Vous devrez réfléchir encore un peu', dit Lilith – 'beaucoup plus, devrais-je dire — à *votre* façon de penser !'

« Dalila ne faisait pas souvent appel à sa sœur sur ces questions. Elle n'aimait pas l'habitude de rire de Lilith. En vérité, elle n'aimait pas du tout qu'on se moque de lui, pas du tout. Elle était comme beaucoup d'autres personnes.

« Et Lilith aussi.

« Mais oh, il y avait beaucoup de choses que Dalila souhaitait savoir !

« La famille des Spatules spatules était, comme je l'ai dit, bien née mais mal élevée. Maren Spoon-bill et Oliver W. Spoon-bill étaient tous deux de très bonne souche, mais ils avaient été les moutons noirs de leurs familles et avaient oublié les traditions et les coutumes de leur race. «Ils n'avaient pas laissé plus de fierté», a dit un jour la mère de Maren Spoon-bill, «qu'une grue du Canada, non, ni un canard.»

« Non, ni un canard », répétèrent Maren Spoon-bill et son mari, et s'en glorifièrent.

« Et les enfants se sont déchaînés.

« Mais les enfants, même s'ils se déchaînaient, n'étaient pas dénués d'ambition. Les soirs d'été, lorsque la famille prenait le thé sur le porche arrière et qu'il faisait trop chaud pour que les enfants puissent beaucoup courir, ils s'asseyaient et racontaient leurs ambitions.

« Je serai actrice quand *je* serai grande », a déclaré Lilith. « Je vais faire une belle carrière sur scène et je gagnerai beaucoup d'argent. Et j'aurai des vêtements magnifiques, et tout le monde me regardera et dira : « *N'est-* elle pas dans une forme époustouflante ce soir !

«Et Le Page et Delilah ont été tellement bouleversés par la vision ainsi présentée de leur sœur qu'ils ne pouvaient que la regarder, émerveillés et silencieux.

« Et Dalila se demandait comment cela pouvait paraître si intelligent.

« Mais Le Page, qui avait lui-même onze ans, s'est vite ressaisi.

« Eh bien, dit-il, quand *je* serai grand, je serai un pirate. Je vais m'en prendre à tous les pirates qui ont jamais existé, tirer et piller, et je porterai des vêtements magnifiques, et tout le monde me regardera et dira : « *N'est* -il pas dans une forme époustouflante ce soir ! '

« Delilah pensait que cette dernière ressemblait étrangement à Lilith – mais peut-être que, d'une manière subtile, un pirate était comme une actrice, et devait donc être décrit dans les mêmes termes.

« 'Et Delila', dit son père, 'que seras-tu, quel genre de vêtements vas-tu porter ?'

« Dalila avait déjà tenté l'expérience de relier son ambition à la famille rassemblée, et le résultat avait été mauvais. Les rires éclatants de Lilith et de Le Page montaient toujours dans l'air calme du soir, et même son père, qui était une personne gentille, souriait. L'ambition de Dalila était toujours la même, mais elle la variait presque toujours un peu à chaque récit, et l'amusement manifesté par sa sœur et son frère variait en conséquence.

« Parfois, ils battaient même des ailes.

« Ce qui était trop cruel.

« En vérité, les enfants sont toujours cruels.

« Mais si les ambitions de Delilah étaient toujours les mêmes, celles de Lilith et de Le Page couvraient un éventail extrêmement large. Certains soirs, Lilith dessinait une image éclatante d'elle-même en tant que conférencière de renom dotée d'un merveilleux magnétisme personnel et d'un style révélateur

- elle émouvait les multitudes et faisait pleurer les yeux de pierre en élevant la voix. Sur quoi Le Page, lorsqu'il avait repris son souffle, se présentait comme un scientifique célèbre explorateur de merveilleux mystères chimiques et découvrant des choses d'une utilité incalculable pour l'humanité. Lui aussi émouvait les multitudes et faisait pleurer les yeux de pierre.

« Et Dalila se demanderait ce qu'étaient les conférenciers et les scientifiques, et comment ils pouvaient faire ces choses.

"Et quand Lilith annonçait son intention de devenir une sculptrice célèbre dont le travail passionné ferait le plaisir de sa journée, alors Le Page se tournait vers l'idée de devenir un explorateur de renom qui pénétrerait dans l'Afrique la plus sombre et l'extrême nord. , et dont le travail chez les passionnés ferait les délices de sa journée.

« Et Dalila serait encore plus émerveillée.

« En vérité, les enfants sont toujours comme ça – et ils sont fascinants.

« Et chaque soir d'été, après que Lilith et Le Page eurent raconté leurs ambitions, leur père demandait à Delilah quelle était la sienne. Alors Delila murmurait toujours ; « Je vais étudier les pierres tombales, papa ! Et quand je serai grand, je saurai peut-être ce que signifie chaque pierre tombale du monde. Et peut-être qu'après avoir étudié longuement et durement, je pourrai lire immédiatement celui de Roland et comprendre ce que cela signifie sans réfléchir. Et peut-être pourrais-je tous les expliquer à des gens qui ne les connaissent pas.

« Ce qui, pour Delilah, était une ambition audacieuse : attacher son chariot à une étoile.

«Eh bien, dit mon amie Annabel Lee, c'était à l'époque où la famille Spatule-bille était dans sa jeunesse.

« Les années se sont succédées et les trois enfants ont grandi. Et il arriva que Lilith avait vingt-trois ans, Le Page vingt-deux et Dalila vingt-deux.

« Ils étaient à peu près tels qu'ils étaient lorsqu'ils étaient enfants. Lilith, je dois le dire en passant, n'était ni une actrice, ni une conférencière, ni encore un sculpteur – et Le Page n'était que Le Page.

« De plus, Dalila était Delilah, mais elle avait cessé d'être élémentaire à certains égards, tandis que d'autres, elle l'était encore, et le serait jusqu'à la fin.

« Il se trouve qu'une jeune spatule de conviction masculine, venue de l'autre côté du grand fleuve vert du Nil, tombe amoureuse de Dalila.

« De même, Dalila est tombée amoureuse d'une jeune spatule, mais pas de cette jeune spatule.

«Cela arrive fréquemment.

« Et Dalila n'aimait pas la spatule de l'autre côté de la rivière, et la spatule dont Delila était amoureuse ne l'aimait pas de cette façon.

« Ce qui arrive aussi fréquemment.

« Un jour où le Nil était très vert et où de lourdes fleurs d'un blanc mort pendaient aux arbres noirs sur les rives, et où le ciel était, oh, si bleu, et où tout était été, la jeune spatule de l'autre côté de la rivière venait voir Dalila. Il aimait si bien, si désespérément, cette jeune spatule ! Mais un tel jour, Dalila se promènerait là où l'eau verte était peu profonde, et ses pensées seraient tournées vers la jeune spatule qui lui tenait à cœur.

« Et la jeune spatule venue de l'autre côté de la rivière venait se tenir à peu de distance de Dalila, sous un arbre aux feuilles larges et épaisses. Comme il était beau à voir, avec ses plumes blanches luisantes comme de l'argent et ses yeux de topaze !

« Et Dalila était très adorable avec ses plumes d'un gris doux et doux – un gris si doux que l'on, si l'on était humain, souhaiterait poser son front sur le duvet moelleux de sa poitrine.

« Alors, de l'autre côté de la rivière, son nom était Gerald Spatule, il disait : « Dalila, viens avec moi de l'autre côté de la rivière jusqu'aux prairies humides, où il y a un étang avec mille nénuphars et de belles fleurs sur le chemin. . Nous devrions y être heureux, toi et moi.

« Mais Dalila disait : 'Oh, retourne sur la rivière, Gerald Spatule !' Toi et moi ne devrions jamais être heureux ensemble. Pourquoi restes-tu là, jour après jour, près de l'hévéa ? Et pourquoi gaspillez-vous vos nerfs vitaux et vos nerfs cardiaques ? Pourquoi ne donnez-vous pas votre bon cœur à quelqu'un qui peut le prendre ?

« 'Mais tu serais heureuse avec moi, Dalila', lui répondait-il avec empressement sous les feuilles sombres. "Nous nous tiendrons au milieu d'un nouveau jour et regarderons le soleil se lever du sable - nous nous tiendrons dans des bas-fonds pâles à midi - nous sentirons notre cœur battre fort lorsque les éclairs descendront à travers les branches - nous volerons un peu par vent fort – nous resterons immobiles et silencieux au milieu des solitudes dorées lorsque le soleil se couchera sur le sable – et dans toutes ces choses, mon cœur sera le vôtre.

« 'Retournez la rivière, Gerald Spoon-bill !' dit Dalila.

«Mais Gerald Spoon-bill sentait qu'il aimait tellement qu'il ne pouvait pas traverser la rivière.

« Il n'est pas possible de traverser la rivière quand la personne la plus aimée se tient seule dans les bas-fonds verdoyants.

«Puis le long de la rive, venant de la direction des dattiers, arriva Auden Spatule, celui qui était entré dans le cœur de Dalila. De même, il était beau à voir, non pas à cause de la beauté de ses plumes ou de ses yeux, mais à cause de la force de son être physique. Mais aussi ses yeux étaient d'améthyste.

«Auden Spoon-bill longea parallèlement la rive de la rivière jusqu'à ce qu'il aperçoive Dalila debout dans l'eau vert pâle. Puis il traversa et vint vers elle.

"'Il y a des fleurs de lotus qui fleurissent en bas, là où la cataracte abrupte se brise sur les pierres", dit-il. « Delilah, veux-tu venir avec moi pour en manger ? »

« 'Oh, oui, je viendrai', dit Dalila avec empressement.

« Car elle était encore assez élémentaire pour dire les choses avec empressement.

« Ils descendirent donc là où poussaient les fleurs de lotus, là où la cataracte abrupte brisait les pierres.

« Il se trouve que c'était presque le moment où le grand fleuve vert du Nil coule sur ses rives et rend tout mouillé d'eau à des kilomètres à la ronde. A cette époque, les spatules, les grues, les oiseaux-adjudants et autres de leur espèce, ainsi que les animaux de diverses espèces, avaient l'habitude de quitter leurs maisons et de s'éloigner de la portée du flot vert et violet. Mais personne n'avait encore songé à déménager, car c'était trop tôt dans la saison. Maren Spoon-bill et Oliver W. Spoon-bill n'avaient même pas commencé à rassembler leurs affaires domestiques et n'avaient pas non plus, comme à leur habitude, retiré la tablette noire de la tête de la tombe de Roland Spoon-bill, qui se trouvait tout au fond. bord de la rivière.

« Le dieu-fleuve est une personne capricieuse comme nous tous. Et ainsi cette année-là, le jour où Dalila et Auden Spatule descendirent la rivière pour manger des fleurs de lotus, il donna libre cours à l'une d'elles. Il pensait envoyer une prémonition du déluge annuel sous la forme d'une belle vague verte, violette et blanche, qui n'irait pas si loin mais qui devrait être destructrice dans ses effets.

« 'Delila', dit Auden Spoon-bill, 'puisque nous sommes ici en train de manger des fleurs de lotus, la vie est très belle, n'est-ce pas ?'

« 'Oh, très bien, oui, très bien', dit Delilah, ravie.

« Vous êtes un ami si cher », a déclaré Auden Spoon-bill.

« 'Oui', a répondu Delilah, et elle n'était pas ravie.

« La vie, dit Auden Spoon-bill, est plutôt belle, peu importe la façon dont elle est organisée. »

« Mais la vie est une chose très étrange », a déclaré Dalila. « Je ne peux pas commencer à vous dire à quel point j'ai trouvé cela étrange. D'une part, je peux avoir ce qui n'est pas le désir de mon cœur, et ce qui est le désir de mon cœur, je ne l'ai peut-être pas.

« C'est étrange », a admis Auden Spoon-bill. "Mais pourquoi avoir des désirs de cœur en dehors de ce qui est déjà le vôtre dans ce monde beau et juste ?"

« On ne peut pas gouverner son cœur », s'écria Dalila. « Le cœur continue de battre avant que l'esprit ne puisse s'arrêter pour réfléchir. Le cœur s'emballe avant tout. Le cœur joue avec des choses aux couleurs brillantes quand tout le reste est de couleur morte. Le cœur aime… »

« Mais Dalila n'a jamais fini. Devant leurs yeux s'élevait un mur magnifique — un mur d'eau qui était feu, nuage et argent, et à l'intérieur se trouvaient d'ineffables arcs-en-ciel de pourpre qui rassemblent l'âme dans son éclat et lui montrent de merveilleuses possibilités ; et il y avait des lignes de lavande pâle qui caressent les sens — et on y respire presque un parfum d'héliotrope ; et à l'intérieur se trouvaient de larges draps d'un noir profond et d'un blanc éblouissant qui ressemblaient à la vie et à la mort ; et en lui, enfin, se trouvait un monde d'un vert infini : il venait d'un lieu de grandes choses ; il était arrivé à un endroit où tout s'écroulait devant lui, où les vies exultaient mais reculaient devant lui à cause de sa verdure.

« Un caprice exquis était celui du dieu-fleuve.

«Delilah et Auden Spoon-bill ont regardé pendant un bref instant. Ils ont vu des choses magnifiques. Ils voyaient la mort dans les brillances, mais néanmoins leur moral remontait. Ils virent également un vol sauvage d'êtres vivants devant la vague. Dalila vit sa famille — Lilith et les autres — se débattre et à moitié recouverte d'eau, et leur maison faite de roseaux fut détachée de ses fondations et emportée vers le bas de la rivière.

«Présentement, le déluge s'est emparé d'eux-mêmes et la vie de Delila s'est fondue dans l'eau. Elle fut portée haut sur une houle sombre et, au tournant, fut soudainement frappée par une tablette carrée en bois noir un coup assourdissant sur le gris de sa poitrine.

« Avant que la mort ne lui vienne à cause des génies, elle était consciente de plusieurs choses. Elle vit un instant devant ses yeux, avec une clarté surprenante, les mots inscrits sur la tablette : « Parti aux beaux jours de sa jeunesse vers son dernier repos. Mais ses vertus sont toujours parmi nous.

« Elle crut même pour la première fois qu'elle savait ce que cela signifiait.

« Le beau jour de la jeunesse, se murmura-t-elle, c'est le jour où je vais manger des fleurs de lotus avec ma bien-aimée – et les vertus sont deux yeux d'améthyste qui m'accompagnent encore alors que je me noie. »

«Auden Spoon-bill se noyait avec elle.—

«C'est toute l'histoire», a déclaré mon amie Annabel Lee.

« Merci », dis-je. « C'est charmant dans son caractère pittoresque. Qu'est-ce que ça veut dire, Annabel Lee ?

"Signifier?" a dit mon amie Annabel Lee. "Je n'ai pas dit que cela signifiait quelque chose."

"Mais je suppose", dis-je, "tout ce qui est vrai signifie quelque chose."

«Très probablement», a déclaré mon amie Annabel Lee. « Mais cette histoire n'est pas vraie. Je l'ai fait."

Parce que ce n'est pas vrai, ou pour une autre raison, l'histoire me trotte encore dans la tête. Comme mon amie Annabel Lee ressemble à ça !

XVI
UNE MESURE DE CHALEUR

« MAIS , même si tu es aussi belle qu'Annabel Lee de Poe, dis-je à mon amie Annabel Lee, et la moitié du temps, je pense que tu es la même, quand je relis le poème dans mon esprit, je trouve des différences. »

«Vous trouvez des différences», a déclaré mon amie Annabel Lee.

Je répète:

« 'Il y a de nombreuses années,
Dans un royaume au bord de la mer,
vivait là une jeune fille que vous connaissez peut-être
Du nom d'Annabel Lee.
Et cette jeune fille, elle vivait sans autre pensée
que d'aimer et d'être aimée de moi.

Les quatre premières lignes, dis-je, fonctionnent très bien, car peu importe depuis combien de temps vous avez vécu – et qui peut le dire ? Mais… j'imagine que vous vivez avec d'autres pensées que celles mentionnées.

«J'imagine que oui», a déclaré mon amie Annabel Lee.

Je répète:

« 'J'étais une enfant, et elle était une enfant,
Dans ce royaume au bord de la mer ;
Et nous avons aimé d'un amour qui était plus que l'amour,
moi et mon Annabel Lee –
un amour que les séraphins ailés du ciel
nous convoitaient, elle et moi.

La première ligne pourrait tenir, dis-je, car vous n'avez que quatorze ans, et moi vingt et un, ce qui est une bien jeune jeunesse comparée à l'âge de la terre. Mais les troisième et quatrième lignes sont épouvantables. Et, hélas, tu n'es pas mon Annabel Lee. En effet, tu me fais toujours sentir que rien n'est à moi. Et non, les séraphins ailés du ciel ne nous envient sûrement pas, ni vous ni moi.

« S'ils le font », a déclaré mon amie Annabel Lee, « alors le ciel doit être très mal meublé. »

Je répète:

"'Et c'est la raison pour laquelle il y a longtemps,
Dans ce royaume au bord de la mer,
Un vent soufflait d'un nuage, glaçant
ma belle Annabel Lee,
De sorte que son parent de haute naissance est venu
Et l'a emportée loin de moi,
Pour l'enfermer. dans un sépulcre
Dans ce royaume au bord de la mer.

J'imagine parfois, dis-je, qu'un vent glacial est parfois sorti d'un nuage la nuit et s'est abattu sur vous. Aucun parent de haute naissance ne vient vous emporter, mais cette éventualité me fait frissonner. Un parent de haute naissance viendra-t-il vous emporter ? Serez-vous enfermé dans un sépulcre de pierre grise ?

«Aucun parent, de haute ou de basse naissance, ne viendra m'emporter», a déclaré mon amie Annabel Lee. "Les parents n'emportent pas des choses qui n'ont aucune valeur intrinsèque."

"Non, je crois que non", dis-je et je me sentis soulagé.

Je répète :

« Les anges, pas à moitié aussi heureux au ciel,
sont allés nous envier elle et moi,
oui ! c'est pour cette raison (comme tous les hommes le savent
dans ce royaume au bord de la mer)
que le vent est sorti du nuage la nuit,
glaçant et tuant mon Annabel Lee.

Mais non, dis-je ; "Les anges du ciel sont sûrement à moitié aussi heureux que vous et moi."

«Plus de la moitié», a déclaré mon amie Annabel Lee. «Ils n'ont pas besoin d'envoyer des nuages du ciel pour cette raison.»

Je répète :

« Mais notre amour était de loin plus fort que l'amour
de ceux qui étaient plus âgés que nous,
de beaucoup plus sages que nous ;
Et ni les anges du ciel,
ni les démons sous la mer,
ne pourront jamais séparer mon âme de l'âme
de la belle Annabel Lee.

Si vous aimiez quelque chose, dis-je, ce serait de loin plus fort que celui de certains plus âgés et de beaucoup de plus sages.

«Je ne pense pas que la sagesse et l'âge aient un rapport avec cela», a déclaré mon amie Annabel Lee.

« Et les anges du ciel n'y compteraient que très peu », dis-je.

"Non, certainement pas les anges du ciel", a déclaré mon amie Annabel Lee.

« Ni les démons sous la mer ? J'ai demandé.

«Je ne sais pas pour *eux* », a déclaré mon amie Annabel Lee.

Je répète:

« Car la lune ne rayonne jamais, sans m'apporter des rêves
De la belle Annabel Lee ;
Et les étoiles ne se lèvent jamais, mais je sens les yeux brillants
de la belle Annabel Lee ;
Et ainsi, toute la nuit, je m'allonge à côté
de ma chérie, de ma chérie, de ma vie et de mon épouse,
dans son sépulcre là-bas au bord de la mer,
dans son tombeau au bord de la mer qui résonne.

Les premières lignes, dis-je, sont bien ajustées. Car vous êtes comme la lune et les étoiles, et elles sont comme vous. Vous êtes avec eux dans l'ombre. Et si tu étais au bord de la mer dans un sépulcre de pierre grise, je resterais là près de toi, la nuit comme le jour. Tu serais là… et mon cœur serait toujours tourné vers toi.

«Plus qu'avant», a déclaré mon amie Annabel Lee. « Car tout finit par se retrouver à la mer. Ces personnes, dit mon amie Annabel Lee, qui ont des douleurs qui peuvent être associées à la mer, sont les personnes les plus chanceuses de toutes. Ces mesures de tristesse leur serviront bien et leur seront très utiles les jours où toutes les autres choses les abandonnent. Si une mesure de chagrin est associée à la mer, elle appartient à la mer – et la mer est toujours là.

« La mer, disait mon amie Annabel Lee, est comme une lettre de quelqu'un à qui vous avez écrit après un long silence et que vous pensiez mort.

« La mer est la mesure du chagrin, et la mesure du chagrin est la mer. Ayant autrefois eu une mesure de chagrin jointe à la mer, votre mesure de chagrin ne sera jamais séparée de la mer.

« La mesure du chagrin plongera tout son malheur profondément dans la mer, et la mer sera de la même couleur qu'elle. Car une certaine mesure de chagrin suffit à colorer une grande mer.

« La mer donnera à la mesure du chagrin un peu de joie sauvage. Il n'y a pas de joie dans le monde comme celle de la mer, car il y en a assez pour sortir et toucher toutes choses dans la vie, et la vie elle-même. Et la joie sauvage ne s'arrêtera qu'à une scène de mort. Si une vie est unie à la mer, malgré toute la lassitude, toute l'angoisse, tous les jours lourds d'agitation, et toutes les luttes futiles et l'épuisement des nerfs, il y aura encore une joie sauvage dans tout cela, et frisson après frisson de triomphe dans des moments extrêmes.

« Ces mesures de tristesse qui ne sont pas liées à la mer doivent se suffire à elles-mêmes.

"Et pour ces raisons, ceux qui ont des mesures de chagrin qui peuvent être associées à la mer sont les personnes les plus chanceuses de toutes."

XVII
UN LUTH SANS CORDES

Ce qui est le plus étonnant chez mon amie Annabel Lee, c'est que, aussi jeune qu'elle soit, elle semble être absolument présente, à quelques exceptions près. Elle ne construit pas pour elle-même des choses dans le futur. L'avenir est une chose qu'elle considère avec mépris. Elle n'en a pas l'utilité, sauf peut-être pour aider à former une phrase amère.

Le cadeau qu'elle trouve devant elle, elle le soulève, le pose sur une table devant elle et l'ouvre comme s'il s'agissait d'un livre – un livre de deux pages seulement. Elle semble trouver des symboles, des figures et de vagues suggestions sur ces deux pages d'où elle tire une multitude d'idées, de fantaisies et de matière pour faire des phrases amères.

Cela semble l'intéresser, et cela m'intéresse à de rares degrés.

Elle s'attarde sur le présent.

Elle parle des choses du présent avec des inflexions de voix qui contrastent fortement avec les sentiments qu'elle exprime. Pendant ce temps, l'expression de son visage est impénétrable. Dans l'ensemble, c'est une personne impénétrable. Je me demande en écoutant si elle croit elle-même à ces choses ? ou si elle parle pour s'amuser ? Mais je ressens forcément une part de vérité dans chaque chose qu'elle dit. Je la regarde attentivement pour découvrir des signes d'ironie ou de manque de sincérité, mais je ne peux que ressentir une veine de vérité rancunière, ou une veine de vérité amicale, ou une veine de vérité ancienne, ou curieuse.

Puis, pendant qu'elle parle et au même moment je me demande, je réfléchis : qu'importe que tout cela soit vrai ou non, ou qu'elle le croie ou non, ou que je puisse ou non le comprendre - *puisqu'elle* est le dire. N'est-elle pas une personne exquise qui me dit ces choses de sa voix exquise ?

Elle porte tout devant elle dans le monde.

Car elle et moi formons un petit monde.

Si elle n'est pas brillante dans son discours, c'est parce que cet ensemble de phrases serait gâché par l'éclat.

Si elle n'est pas profonde dans son discours, c'est que son imagination du moment demeure dans la lumière fantastique et serait ruinée par la profondeur.

Si elle n'est pas logique, c'est qu'elle est exquise, ce qui est bien au-delà de la logique.

Néanmoins, lorsqu'elle dit des choses simples, claires et stupides, l'expression de son visage est plus que toute l'expression de quelqu'un qui dit des choses brillantes.

Et quand elle aborde avec légèreté une fantaisie et une autre, l'expression de son visage de lys est avant tout profonde.

Et lorsque son humeur et son expression sont les plus imprudentes de logique, l'expression de son visage est le modèle de quelqu'un qui profère des platitudes en toute franchise et en toute rationalité.

Ces expressions de son visage m'ont amené à voir différentes visions de mon amie Annabel Lee.

L'une est une vision d'elle comme une tante âgée et compétente, prête à faire ce qu'elle fait pour moi, malade et en bonne santé, et me prépare de petites tourtes à la viande, et me dit quand je dépense trop d'argent, et quoi. à faire contre un rhume.

L'une est une vision d'elle comme une enfant-compagnon enjouée qui est avec moi pendant tous mes jours d'été, partage toutes ses pensées pittoresques avec moi, me pose d'innombrables questions et accepte mon dicton comme un évangile.

L'une est une vision d'elle comme une sœur – une de ces sortes qui a le meilleur de toutes les choses dans la vie tandis que je dois prendre les pauvres choses ; une de celles qui doivent être mariées à un comte d'outre-mer, et je dois travailler et me dépêcher pour préparer ses robes pour le mariage - puis retourner vivre dans un petit village mort tous les jours de ma vie. .

L'une est une vision d'elle comme la sœur martyre tranquille qui vient à mon appel et se retire à ma demande – et dans cette partie, mon amie Annabel Lee marche avec une beauté extrême.

L'une est une vision d'elle comme une amie âgée et forte qui se tient entre moi et toutes les explosions glaciales, qui expose ma vie quotidienne, qui apaise mon excitation stupide avec son calme et sa sagesse.

L'une est une vision d'elle comme une personne qui ne connaît aucune loi, qui me conduit sur des routes et des chemins étranges et dont l'esprit est pour moi un labyrinthe dans lequel je marche dans une pitoyable confusion.

L'une est une vision d'elle comme une personne extrêmement méchante que je considère avec crainte, qu'il m'appartient de haïr, mais que j'aime.

L'une est une vision d'elle comme une femme de tout âge, avant tout intransigeante et antipathique. Si je suis joyeux, elle est placide ; si j'ai le cœur lourd, elle est placide ; si je suis plein d'impatience, elle est placide ; si je suis désespéré, elle est placide.

L'une est une vision d'elle comme une ombre parmi les ombres. Elle n'est pas réelle, me dis-je. Un jour, je me réveillerai et la trouverai disparue, sans douleur et sans « tristesse d'adieu », et comme si elle n'avait pas disparu.

L'une est une vision d'elle comme celle qui est dans le monde et du monde, et comme le reste du monde. Et quand je la contemple ainsi, ma pensée est que le meilleur de tout est d'être dans le monde et du monde, et comme le reste du monde, d'avoir la qualité d'humanité, de connaître le monde assez bien pour pouvoir pouvoir sélectionner le meilleur de ses trésors, et y rendre utile ce qui est inutile.

Mais toutes ces visions sont vagues. Il n'y en a pas une qui soit mon amie Annabel Lee. Ce sont les expressions de son visage de lys qui me donnent ces visions, non ce qu'elle dit ni ce qu'elle fait. En vérité, elle est en quelque sorte comme toutes les visions, mais chacune se mélange tellement à elle-même que le type s'en perd.

Et mon amie Annabel Lee, bien qu'elle soit assise avec le livre des deux pages ouvert devant elle et semble très intéressée par tout ce qu'elle y trouve, a pourtant l'air de quelqu'un qui, si quelqu'un lui demandait de lui emprunter le livre, le fermerait rapidement et y renoncerait volontiers sans regret. Et après avoir donné le livre, c'était comme si elle allait ramasser une fleur quelque part à proximité, faire tournoyer la tige entre son pouce et son doigt et regarder par la fenêtre.

Non pas qu'elle ait un mépris pour le présent comme pour l'avenir, mais il semble qu'elle ne dépende pas du livre des deux pages pour y penser.

Mais il y a aussi de la méthode dans son mépris de l'avenir. Car elle daigne considérer que le futur devient le présent, les jours se succédant. Mais elle n'y touche de bonne foi que lorsqu'il s'agit bien du présent.

Parfois, mon amie Annabel Lee est assise et joue sur un petit et vieux luth.

« L'avenir, disait mon amie Annabel Lee, est comme un luth sans cordes. Vous ne pouvez pas jouer sur un tel luth et remplir les longs et longs couloirs de votre cerveau avec une musique subtile, douce et dénuée de sens. Vous ne pouvez que rester assis stupidement à regarder dans la cavité et à penser combien joyeuse sera la musique qui sortira un jour, comme de temps en temps votre luth est enfilé avec des cordes - alors que vous feriez mieux à ce moment-là d'aller dans votre jardin et de remplir la cavité avec les tomates et dépêchez-vous de les emporter au marché. Et pendant que vous rêvez devant votre luth sans cordes, dans votre impatience vous appuyez sur les jeux et vous appuyez trop et trop souvent, de sorte que quand enfin votre luth sera enfilé, les jeux ne fonctionneront pas correctement, mais resteront fermement dans une position. Et lorsque votre autre main touchera les cordes, il y aura une horrible discorde – toujours une horrible discorde.

«Je n'ai jamais vu quelqu'un rêver sur un luth non cordé qui ne touchait pas les jeux», a déclaré mon amie Annabel Lee.

Cela dit, mon amie Annabel Lee regardait au-dessus de ma tête la mer plate et verte de l'Atlantique, et sa main se promenait sur ses cordes de luth, et de la musique en sortait. Et les jeux fonctionnaient correctement, comme des jeux qui n'avaient pas été modifiés à l'époque où le luth n'était pas cordé.

Et la musique qui en sortait était comme du vin jaune pour la tête, et elle entra non seulement dans les couloirs mais aussi dans les tours, et tout en bas près des douves et à l'intérieur et à l'extérieur du mur extérieur, et dans le donjon où il n'y avait pas eu de musique. musique avant.

XVIII
UNE AUTRE VISION DE MON AMI ANNABEL LEE

ET J'ai une vision de mon amie Annabel Lee en princesse dans un très grand château au bord de la mer – un château fait de granit rouge terne qui brille d'un magnifique pourpre à la lumière du soleil couchant.

Et toute la journée, il n'y a aucun signe de vie autour du château rouge terne, et aussi les vents sont faibles et l'eau bleue est très calme. Au loin sur le rivage, seules quelques mouettes volent et des canards sauvages chevauchent les vagues.

Rien ne bouge sur les rochers déchiquetés à des kilomètres autour du château rouge, mais des herbes vertes et sauvages poussent dans les crevasses, pleines d'une vie douce et belle. Et toute la journée, le ciel est bleu pâle.

Les fenêtres du château rouge sont en verre épais et foncé, grillagées, à meneaux et entourées de fer. L'aspect de ces fenêtres est rigide et amer et ferme tout ce qui se passe à l'extérieur.

Les remparts du château sont hauts et étroits, effrayants, sombres et très maussades. Si j'étais sur les créneaux, je plongerais volontiers sur les rochers, à quelques centaines de pieds, et serais brisé en morceaux - ou dans la mer profonde. Mais en dessous il y a une tourelle et un beffroi, mais pas de cloche, et la tourelle est une retraite abritée et sûre qui regarde tout le monde. Celui qui n'avait pas été content auparavant dans le monde pourrait enfin être content dans la tourelle de ce grand château rouge au bord de la mer.

Au loin, à la rencontre de la mer et du ciel, il y a une ligne étroite qui n'est pas bleu pâle comme le ciel ni bleu foncé comme la mer, mais n'est qu'un air pâle et mince. Et je le regarde en attendant de voir... Mais dans la lumière du jour, je ne sais jamais ce que je m'attends à voir dans la ligne d'air à la rencontre du clair et de l'obscurité.

Et ainsi, toute la journée, tout est calme et mon amie Annabel Lee est une princesse à l'intérieur du château rouge.

Comme mon amie Annabel Lee est belle comme une princesse !

Je l'imagine dans une belle robe blanche brodée de fils d'or. La robe est longue et étroite et s'ajuste étroitement autour de la taille et traîne sur le sol. Et à l'index gauche de la princesse une grande bague ancienne en argent sertie d'une turquoise non polie.

Les pièces à l'intérieur du château rouge sont des pièces dignes d'une telle princesse. Elles sont sombres, hautes et étroites, ornées de fresques et de peintures murales, et les épaisses fenêtres de verre sombre brillent de merveilleuses myriades de couleurs où la lumière transparaît. Devant certaines fenêtres sont accrochés des morceaux de verre taillé qui captent les rayons du soleil et aussitôt d'innombrables arcs-en-ciel tombent sur la robe, les mains et les cheveux de la princesse.

Lorsque le soleil se couche, une grande barre de lumière dorée et profonde tombe de loin sur le château rouge, et il devient magnifique de pourpre. Le verre sombre des fenêtres brille comme du vieux cuivre. Les créneaux sont ornés d'or, et tout est comme une grande fleur qui vient tout juste de s'épanouir.

Après que le soleil se soit couché et que le pourpre ait disparu une fois de plus du château rouge et le cuivre des fenêtres, et avant que la lumière du jour ne disparaisse, la mer et le ciel prennent des nuances différentes et des significations différentes, et les mouettes et les canards sauvages montent de loin sur le rivage, et les rochers résonnent de leurs bruits sauvages. Le ciel est plein de nuages volants et l'eau monte haut et présente des crêtes d'écume blanche.

Mais la ligne d'horizon est toujours la même.

Puis la princesse en robe blanche ouvre une porte en hauteur dans le grand château et sort sous la tourelle. Elle s'avance vers la balustrade et s'y appuie, son menton blond posé dans sa main.

Je la vois là, à travers une longue étendue d'eau sombre, sa robe blanche luisant dans la lumière pâle, si haut et tout, et une multitude de pensées me viennent.

La princesse regarde la mince ligne de ciel en face d'elle et regarde si fixement que je détourne mes yeux d'elle et regarde là aussi.

Et maintenant, il y a de multiples scènes là-bas.

Il y a une scène d'un chevalier partant au combat, avec son destrier noir et son armure d'acier brillante. Et il porte un panache orange dans son casque. Son départ est une chose courageuse. Il est dans la montée de sa jeunesse et de sa force. Et pour cette raison, moi et la princesse sur la tourelle pouvons le voir tomber glorieusement dans une bataille acharnée, avec la mort dans les veines, et le destrier s'éloigner sans cavalier dans la nuit. Et la princesse regarde avec envie celui qui peut sortir et tomber au combat.

Il y a une scène d'une jeune femme dans une petite pièce travaillant dur et avec persistance, sous une faible lumière, à un travail d'aiguille d'une finesse exquise sur un immense rectangle de lin. Et ses épaules sont pliées et ses yeux sont tendus et ses mains sont fatiguées et ses nerfs brisés et crient. Mais elle ne cesse pas son travail. Elle et son travail sont comme une fourmi emportant un désert grain par grain, comme un misérable construisant une pyramide et comme quelqu'un qui compte toutes les étoiles. On ne sait pas à qui appartient le linge, ni pourquoi elle travaille, ni si on lui donnera de l'argent pour cela. Mais on peut savoir qu'en vérité elle aura sa récompense. De tels gens qui travaillent ainsi dans de petites pièces, et tous, les nerfs fatigués, ont toujours leur récompense. Et la princesse sur la tourelle regardait la femme comme si c'était elle, avec son linge et son aiguille, qui était la plus chanceuse.

Il y a une scène de Canadiens français coupant le foin et le ratissant au début de l'après-midi d'été – des femmes et des hommes. La journée est si chaude et le parfum de l'herbe si doux qu'un grand château rouge au bord de la mer est l'endroit le plus triste de tous. La princesse regarde depuis sa tourelle avec des yeux violets désolés. Elle regarde la bague à son index et, avec elle, je me demande pourquoi tous les gens ne sont pas devenus Canadiens français en train de faire le foin dans les champs. Au-dessus de leurs têtes règne l'air du pays vert canadien-français ; sous leurs pieds se trouve le doux foin canadien-français. Et ils ont de l'appétit pour leur nourriture.

Il y a une scène d'un enfant jouant dans la boue sous un saule vert. Elle a une grande cuillère en étain pour tremper de gros morceaux de boue, et elle prend les morceaux dans ses deux mains, les tapote, les façonne et les dépose en rangées sur un bardeau. L'eau coule dans la prairie à proximité de laquelle elle est assise et elle la trempe également dans la cuillère pour éclaircir la boue. Les rangées de galettes de boue sur les bardeaux sont très soignées et disposées avec un soin infini. La princesse oublie d'envier l'enfant et ses gâteaux de boue par l'intérêt qu'elle prend à les confectionner. Son visage et ses yeux violets prennent même un air indéfini de contentement dans la mesure où elle se trouve dans le même monde avec une chose si convenable.

Après avoir longuement regardé les visions, la princesse détourne ses yeux de la ligne du ciel mince et regarde vers l'eau sombre et agitée.

En fin de compte, dit la princesse, il n'y a rien de mieux qu'une eau sauvage et sombre, trop vaste pour être mesurée et qui est bonne pendant mille ans, et qui contient pourtant les meilleurs poissons qui en sont jamais sortis. Il abandonne des coquillages roses sur le sable dans la bonté de son cœur, et il envoie des vents sauvages et sifflants jusqu'aux sommets de mon château rouge pour chanter pour moi et me raconter bien des histoires. Et il y a des vents violents qui errent dans et sur les hauts murs et les grottes le long de sa côte accidentée - et si je ne savais pas que c'étaient des vents, je les croirais sûrement comme les voix des filles de la mer chantant - des voix aiguës, minces et perçantes se mêlaient au chant. bruit de longues vagues lavantes. Et il émet des cris mornes et solitaires – un huard criant dans les brumes nocturnes à un mile de distance, et des oies sauvages klaxonnant – de sorte que je sais qu'il y a des choses à l'intérieur et sur lui cent fois plus sauvages et plus solitaires que moi. Et il envoie de bons navires. il se heurte à ces gros rochers et les met en pièces, et les êtres humains descendent avec eux pour se reposer mille ans dans les profondeurs, de sorte que je sais qu'il aime bien les êtres humains et qu'il a besoin d'eux. Dans l'avant-midi d'un jour de juillet, il me fait fondre le cœur avec son soleil joyeux et chaud, il éblouit mes yeux et me remplit de réconfort - et je sais que la vie est une chose sûre. En fin de compte, dit la princesse, il n'y a rien de mieux.

J'ai ainsi une vision de mon amie Annabel Lee en princesse dans un grand château rouge au bord de la mer.

Mais ce n'est pas non plus mon amie Annabel Lee. Car elle est encore plus fascinante, et son château est encore plus haut et d'un rouge plus profond — et plus que tout, elle est elle-même.

XIX
L'ART DE LA CONTEMPLATION

O HIER, mon amie Annabel Lee et moi étions assis confortablement l'un en face de l'autre à une petite table, déjeunant. Elle était très blonde et de bonne humeur – et nous avions un petit poisson grillé, du thé avec des tranches de citron dedans, du pain, de la laitue verte saupoudrée de vinaigre, d'huile et de poivron rouge, et deux chopes de bière.

« La nourriture est une belle chose, tu ne trouves pas ? » dis-je.

"L'un des meilleurs jamais inventés", a déclaré mon amie Annabel Lee. « Avez-vous pensé à tout *ce* qui disparaîtrait de la vie s'il n'y avait pas de nourriture et si nous ne devions pas manger trois fois par jour ?

"Oui, j'y ai réfléchi", répondis-je, "et c'est un plaisir qui ne s'efface jamais."

«C'est bien plus que du plaisir», a déclaré mon amie Annabel Lee. « C'est une nécessité et un art et un soulagement et un soulagement – et, mon cher, cela nous élève au niveau des rois ou des bêtes qui périssent.

«J'ai imaginé», a déclaré mon amie Annabel Lee, «une table de deal dressée trois fois par jour sous un bel if dans un pays lointain. L'if se trouvait dans un pâturage où paissent le bétail, et toujours quand j'étais assis à manger à la table du deal, les vaches me regardaient. Parfois, sur la table du deal, il y avait du pain bis et du miel ; parfois il y avait du sel et du cantaloup ; parfois il y avait de la laitue avec du vinaigre, du poivre et de l'huile ; parfois il y avait du pain complet, du lait caillé et de la crème dans un plat de terre brune ; parfois il y avait des noix et des figues ; parfois il y avait deux petits poissons grillés ; parfois il y avait des pêches ; parfois il y avait des biscuits plats blancs et des carrés de fondant brun ; parfois il y avait du pain et du fromage ; parfois il y avait des olives et des bannocks écossais ; parfois il y avait un pot de chocolat bleu Delft et un œuf ; parfois il y avait du thé et des scones ; parfois il y avait du plum-cake ; parfois il y avait du pain et des radis ; parfois il y avait du vin et des olives ; parfois il y avait une tarte aux fraises.

« J'habiterais de l'autre côté de la colline de l'if, et j'y viendrais pour manger à sept heures du matin, à une heure de l'après-midi et à sept heures du soir. Et en attendant, je devrais être occupé à un certain travail pour que mon alimentation soit comme si je l'avais mérité.

« Quel genre de travail feriez-vous ? » J'ai demandé.

«Je pourrais laver de fins morceaux de dentelle», a déclaré mon amie Annabel Lee, «et les étendre sur une pelouse ensoleillée pour les blanchir et les sécher. Ou je pourrais cueillir des baies et les apporter au marché. Ou je pourrais m'asseoir dans l'embrasure d'une porte en train de fabriquer des paniers – je devrais faire de beaux petits paniers. Ou je pourrais m'occuper d'un petit jardin, ou d'un troupeau d'oies, pour les nourrir de céréales et les empêcher de s'éloigner. « Tant d'heures dois-je m'occuper de mon troupeau, tant d'heures dois-je m'amuser, tant d'heures dois-je contempler » - je devrais faire toutes ces choses en m'occupant de mon troupeau, et je devrais bien m'occuper de mon troupeau. Je devrais bien faire tout mon travail, afin que la nourriture sur la table de deal, sous l'if, ait le goût d'une nourriture méritée.

« Mais ne serait-il pas étrange, » dit mon amie Annabel Lee, mangeant délicatement de la laitue et du poisson, « après avoir vécu ainsi pendant six ou sept mois dans un pays où règne toujours l'été, oh, je devrais grandir. j'en ai vraiment marre ! Et non seulement je devrais me lasser du jardin, des oies, des paniers et de la table de deal sous l'if, mais je devrais me lasser de tout ce que le beau monde vert peut de toute façon offrir. Dans les nombreuses heures que je devrais contempler, j'arriverais à ceci : il n'y a rien de mieux dans la manière de vivre que de s'occuper d'un jardin ou d'un troupeau d'oies, et de gravir une colline jusqu'à un if pour manger trois fois. chaque jour, *rien* , si je fais fidèlement mon travail. Ainsi, quand l'aube grise se lèverait un matin et que je me réveillerais et ressentirais une douleur au cœur, je saurais que le meilleur m'avait fait défaut, et je verrais l'immense lassitude avec moi. «M'as-tu découvert, oh, mon ennemi!» me revenait encore et encore dans la tête. Et toute cette journée-là, s'occuper des troupeaux serait une tâche pénible, et les pommes sur la table de sapin, sous l'if, se transformeraient en poussière dans ma bouche.

Mon amie Annabel Lee posa sa petite fourchette en argent, posa ses mains l'une sur l'autre sur son genou et resta silencieuse.

Oh, c'était une personne belle et brillante assise là ! Je me demandais vaguement pendant que je la regardais quelle part du soleil doré de la journée elle compensait pour moi, et combien disparaîtrait si elle disparaissait.

Bientôt, elle parla à nouveau.

« Beaucoup dépend », a déclaré mon amie Annabel Lee, « de la quantité de contemplation que l'on fait dans sa manière de vivre et de la manière dont se déroule sa contemplation. La contemplation est une chose qui fait beaucoup de mal. Mais j'ose dire que lorsque l'art est rendu parfait, il est une bonne chose rare et un serviteur soigné et obéissant, et sait exactement quand entrer dans l'esprit et quand en sortir. Et quiconque peut l'avoir, ainsi amené à un état de perfection, est un possesseur très heureux et doit parcourir courageusement le monde.

« Peut-être, maintenant, dit mon amie Annabel Lee, quand on est une fille aux oies et qu'on va manger à une table de deal sous un if vert, on ne devrait contempler que des rois dans des palais dorés. Il faut commencer par le début de la vie d'un roi, peut-être, et la suivre pas à pas à travers la lourdeur et les conflits jusqu'à ce que l'on voie, dans son imagination vive de fille aux oies, le roi enfin chancelant, aux cheveux blancs et abandonné vers son tombe solitaire.

« Ou bien il faudrait contempler la vie d'un ouvrier qui doit manger des cosses tous ses jours, et qui n'est pas digne de son salaire, et qui va de mal en pis et devient un mendiant.

« Ou bien il faudrait envisager l'être d'une douce jeune fille dont la vie est une roseraie belle et ronde, et les épines bien cachées et les tiges taillées, et tout. Et il faut également la suivre pas à pas jusqu'à sa tombe ou, si l'on en a envie, jusqu'au point culminant de tout bonheur et de tout succès.

« Car l'idée est que dans toute sa contemplation, quand on est une fille-oie, on devrait contempler tout et n'importe quoi sauf l'être et la condition d'une fille-oie.

« Mais une meilleure idée encore, dit mon amie Annabel Lee, ce serait de ne pas contempler du tout, vous savez, mais de manger les radis et autres choses, sous l'if, et de vous réjouir.

"En tout cas", a déclaré mon amie Annabel Lee, "nous n'avons pas besoin de réfléchir *maintenant* à ce qui se passe avec ces deux petits poissons et ces feuilles vertes et croquantes."

Elle reprit sa petite fourchette en argent et se mit à manger de la laitue.

Et bientôt, nous avons tous deux levé nos chopes de bonne bière et bu ce qui serait encore une meilleure idée.

XX
CONCERNANT LE PETIT WILLY KAATENSTEIN

J'avais un jour donné à mon amie Annabel Lee les grandes lignes des faits d'une affaire, et je lui ai demandé si elle voudrait bien en faire une histoire et me la raconter.

Alors mon amie Annabel Lee m'a raconté une petite histoire qui me vient aussi à l'esprit, d'une manière ou d'une autre, en termes de mesure et de rythme.

«Il n'y a pas très longtemps, dans une rue calme, vivait dans une ville du Montana», a déclaré mon amie Annabel Lee, «une famille de ce genre de personnes qu'on appelle juives. Et il y a si peu de temps qu'ils y sont encore.

« Leur nom était Kaatenstein.

«Il y avait Mme Kaatenstein et M. Kaatenstein et les quatre jeunes enfants, Harry Kaatenstein et Leah Kaatenstein et Jenny Kaatenstein et le petit Willy Kaatenstein.

«Et il y avait la fille engagée qui s'appelait Emma.

« Et il y avait l'oncle Will, le frère de Mme Kaatenstein, qui vivait avec eux.

"Mme. Kaatenstein était petite et brune et parfois assez colérique, et elle préparait toujours des fruits de saison, avec l'aide de la employée, et la cuisine était alors très chaleureuse.

« Et M. Kaatenstein était également brun, mais c'était un homme grand et mince, et il était gentil et affectueux avec les enfants, en particulier les deux petites filles. Mme Kaatenstein aimait aussi les enfants, mais surtout les deux garçons.

« Et Harry Kaatenstein ressemblait beaucoup à sa mère, sauf qu'il n'était pas si brun et qu'il avait dix ans.

« Et Leah Kaatenstein avait également dix ans — les deux étaient des jumeaux — et elle avait le sens de l'économie stricte, portait des robes vichy simples, avait une longue tresse de cheveux sombres et jouait avec des poupées très simples.

« Et Jenny Kaatenstein avait sept ans et était exceptionnellement grosse, et on la voyait rarement sans un morceau de pain sans levain à la main, car les enfants avaient le droit d'avoir tout ce qu'ils voulaient de pain sans levain. Ils n'en voulaient pas grand-chose, sauf Jenny. Et ils préféraient tous manger du pain au levain tartiné de beurre et saupoudré de sucre, mais ils ne pouvaient pas en manger autant qu'ils le voulaient.

« Et le petit Willy Kaatenstein n'avait que quatre ans et prononçait correctement tous ses mots et semblait parfois doté de la sagesse du serpent. Il avait les cheveux très bouclés, et il semblait que c'était une loi non écrite que chaque fois qu'une grande dame passait par là et voyait les enfants jouer sur l'allée devant leur maison, elle devait s'arrêter et s'exclamer à quel point le petit Willy était un joli garçon et lui demander. une de ses boucles. Alors le petit Willy regardait le visage de la grande dame d'une façon très déconcertante et lui demandait peut-être une de *ses* boucles. Ou si l'épicier ou le boucher s'arrêtait en allant à la cuisine et demandait au petit Willy quel était son nom et quel âge avait-il, le petit Willy répondrait avec une rapidité surprenante et demanderait directement à l'épicier ou au boucher quel est *son* nom. et quel âge avait *-il* .

« Et Emma, la jeune fille engagée, était musclée, aux gros poings, terriblement froide et antipathique. Et elle avait une sœur qui venait la voir et discutait assise dans la cuisine chaude, pendant qu'Emma épluchait les pommes de terre ou récurait le sol. La sœur s'appelait Juley et elle apportait parfois d'étranges bonbons verts aux enfants, que leur mère ne leur permettait jamais de manger. Et parfois Juley leur apportait du chewing-gum, qu'ils n'avaient pas le droit de mâcher.

« Et oncle Will était un homme petit et gros, avec un visage presque toujours rouge. Il semblait aimer la bière. Il y avait dans la cave un grand nombre de caisses de bière qui appartenaient à oncle Will. Et il y avait des caisses pleines de bouteilles de bière qui étaient toutes vidées, et les enfants auraient aimé vendre les bouteilles, mais ils n'avaient pas le droit de vendre des bouteilles. L'oncle Will aimait aussi le petit Willy, et les soirs d'été, quand lui et M. Kaatenstein étaient à la maison, et après avoir dîné, on pouvait entendre l'oncle Will inviter le petit Willy, de sa voix rauque et facétieuse, à venir le voir. prendre un verre de bière avec lui. Et quand le petit Willy, avec ses boucles courtes et son petit costume blanc, venait goûter la bière et faisait une grimace ironique et versait quelques larmes avortées sur son amertume, oncle Will riait de bon cœur et d'une manière très joviale.

"Mme. Kaatenstein possédait un grand nombre de canards et d'oies dans son jardin et passait beaucoup de temps parmi eux, les engraissant pour les manger et s'occupant d'eux le matin. Les enfants n'y jouaient donc jamais le matin.

« Il y avait un grand nombre de choses que les enfants Kaatenstein n'étaient pas autorisés à faire – les choses qu'ils étaient autorisés à faire n'étaient rien en comparaison, et les choses qu'ils étaient autorisés à faire étaient, pour la plupart, des choses qu'ils ne faisaient pas. se soucier.

«Ils avaient chacun une banque carrée en fer dans laquelle se trouvaient également un nombre illimité de pièces d'argent, de pièces de dix sous et de demi-dollars, ainsi que de pièces de cinq cents et d'or, car ils étaient une famille juive. Leur père et leur oncle Will jetaient de temps en temps des pièces de monnaie dans les petites fentes situées au sommet des banques, et les amis de la famille contribuaient également gentiment, et leurs oncles et tantes envoyaient de l'argent à cette fin depuis Cincinnati. . Il y avait donc de la richesse dans ces banques, mais les enfants n'avaient pas le droit d'en avoir. Et on ne leur donnait jamais d'argent « à jeter pour acheter des choses », comme disait leur mère, sauf un sou de temps en temps – un sou pour eux quatre.

« Et il y avait des jouets que leur père, leur mère et leur oncle Will leur avaient achetés, et d'autres qui avaient été envoyés par les oncles et tantes de Cincinnati, mais ils n'avaient jamais été autorisés à jouer avec eux. Les jouets étaient conservés dans un grand bureau en noyer noir dans la chambre de leur mère. Il y avait un petit piano tintant que la tante Barbara de Leah Kaatenstein lui avait envoyé, ou qui avait été envoyé à ses parents en fiducie pour elle. Et il y avait un petit moteur, qui fonctionnait sur une chenille, qui avait été autrefois donné à Harry Kaatenstein. Et il y avait une immense poupée de cire qui était tombée entre les mains de Jenny Kaatenstein. Et le petit Willy Kaatenstein était le propriétaire réputé d'un petit cirque mécanique avec de minuscules acrobates et chevaux en bois et une boîte à musique sous la plate-forme. Et il y avait d'autres jouets de toutes sortes ; car les parents de Cincinnati avaient été somptueux. Mais les enfants n'étaient pas autorisés à s'en servir, alors ils croupissaient dans le bureau en noyer noir.

« Et Harry Kaatenstein avait une belle montre en or que sa mère lui avait offerte, mais il n'avait pas le droit de la porter ni même de la regarder. Il était conservé dans un écrin dans sa chambre.

« Et Leah Kaatenstein avait une belle montre en or que sa grand-mère de Cincinnati lui avait envoyée, mais elle n'était pas autorisée à la porter ni même à la regarder. Il était conservé dans l'écrin à bijoux de sa mère.

« Et Jenny Kaatenstein avait une belle montre en or que sa tante Rebecca lui avait envoyée, mais elle n'avait pas le droit de la porter ni même de la regarder. Il était conservé dans l'écrin à bijoux de sa mère.

"Et le petit Willy Kaatenstein avait une belle montre en or que l'oncle Will lui avait achetée - et l'oncle Will, qui était un personnage privilégié dans la maison, prenait parfois la montre du petit Willy dans l'écrin de Mme Kaatenstein et la donnait au petit Willy. à porter le soir lorsque la famille était réunie dans la salle à manger. Et oncle Will buvait sa bière et demandait au petit Willy quelle heure il était. Mais avant que Mme Kaatenstein ne mette le petit Willy au lit, elle replaça soigneusement la montre dans l'écrin.

« Les enfants possédaient un grand nombre de biens de ce genre, mais ce avec quoi ils devaient vraiment jouer était un petit chariot très endommagé qu'ils utilisaient à de nombreuses fins au cours d'une journée. Parfois c'était un camion de pompiers, et parfois un chariot à tuyaux, et parfois une automobile, et parfois une calèche, et parfois une ambulance, et parfois un go-kart pour les poupées simples de Leah Kaatenstein (qui, par un étrange hasard, étaient elle pouvait en faire ce qu'elle voulait (ils n'étaient pas d'une valeur excessive), et parfois pour un chariot de patrouille, et parfois pour un chariot à eau. Ils avaient aussi une petite chaise à bascule avec laquelle ils jouaient à la maison sur le porche. La chaise et le chariot étaient surchargés de travail et avaient un aspect des plus pathétiques. Les enfants se lassaient souvent de jouer toujours avec ces deux choses et languissaient pour d'autres divertissements. Parfois, Leah Kaatenstein s'installait dans le fauteuil à bascule avec ses poupées douillettes sur ses genoux et leur parlait sérieusement, leur disant beaucoup de choses qui leur seraient utiles toute leur vie et leur inculquant des règles strictes d'économie. Et parfois Harry Kaatenstein s'asseyait sur la marche la plus basse du porche avec le bec du long tuyau en caoutchouc qui était fixé au robinet sur le côté de la maison et avec lequel M. Kaatenstein ou oncle Will arrosait l'herbe le soir. . Les enfants n'étaient pas autorisés à arroser l'herbe, mais il y avait généralement suffisamment d'eau qui coulait du tuyau pour qu'Harry Kaatenstein puisse créer de petits tourbillons sur les marches, ce qu'il faisait, causant la mort d'insectes de toutes sortes. Et parfois, Jenny Kaatenstein, avec son inévitable morceau de pain sans levain, s'asseyait sur la dernière marche, le visage lunaire et potelé, se reposant de son travail. Et parfois, le petit Willy Kaatenstein grimpait et s'asseyait sur le poteau au bas du perron et le frappait vicieusement avec ses talons. Il restait souvent là à donner des coups de pied, comme le montraient clairement les bosses du poteau.

« Par une chaude journée, les enfants de Kaatenstein languissaient ainsi après avoir beaucoup joué avec le chariot, et Emma repassait dans la cuisine. Leur mère était absente pour l'après-midi et les enfants éprouvaient un délicieux sentiment de liberté, même avec Emma, la sinistre et aux gros poings, aux commandes. Seulement, ils auraient aimé avoir un sou. Harry Kaatenstein dit que s'ils avaient une pièce de cinq cents, il devrait certainement aller chez Grove's, à un pâté de maisons et demi de là, et acheter des biscuits bruns et blancs. Sur quoi le petit Willy Kaatenstein et Jenny Kaatenstein — plus particulièrement Jenny Kaatenstein — firent claquer leurs lèvres, et Leah Kaatenstein soupira et remarqua que l'extravagance d'Harry était très décourageante.

« A ce moment, chose merveilleuse à raconter, Emma apparut au coin de la cuisine, avec quatre épaisses tranches de pain et de beurre légèrement saupoudrées de sucre, et les enfants la regardèrent avec beaucoup d'impatience. Jenny Kaatenstein laissa tomber son morceau de pain sans levain et commença à moitié à rencontrer Emma, mais y réfléchit mieux, connaissant les manières d'Emma. Emma distribua les tranches de pain, resserra le chapeau du petit Willy Kaatenstein avec l'élastique sous son menton et informa les enfants que s'ils savaient ce qui est bon pour eux, ils ne se feraient pas de bêtises tant qu'elle les garderait . Puis elle se remit à repasser.

« Les enfants étaient ravis de leur pain et du beurre et leur imagination jouait avec légèreté.

« La glace à la framboise de mon pain et du beurre », a déclaré Harry Kaatenstein.

« « La glace *au chocolat de mon* pain et beurre », a déclaré Leah Kaatenstein, devenant géniale.

« « *Ma* glace *à la vanille* au pain et au beurre », a déclaré Jenny Kaatenstein.

« Mais le petit Willy Kaatenstein ne disait jamais un mot, car son pain et son beurre lui paraissaient très bons *comme* pain et beurre.

« Leur pain et leur beurre leur ont en quelque sorte donné une nouvelle vie et les ont rendus plus pleinement conscients du fait que leur mère était absente pour l'après-midi. Après tout, ils n'avaient peur que de leur mère, et celle-ci étant partie, ne devraient-ils pas, pour une fois, profiter de la vie ?

«Quand ils eurent fini de manger, ils eurent une idée géniale.

« Je vais retirer un sou de ma banque », a déclaré Harry Kaatenstein.

« *Je* vais retirer un sou de *ma* banque », a déclaré Leah Kaatenstein, dans un luxe d'esprit surprenant.

« *Je vais* retirer un sou de *ma* banque », a déclaré Jenny Kaatenstein.

« Et le petit Willy Kaatenstein ne dit jamais un mot, mais courut dès la première idée à la salle à manger où se trouvaient les quatre banques, sur la cheminée au-dessus de la cheminée, et poussa une chaise et décrocha sa chaise. propre banque verte. Et puis il a fait glisser le petit morceau de fer qui se trouvait juste sous la fente au sommet de la banque, et il a secoué, secoué, secoué, avec très peu de bruit, et voilà, pas une pièce de cinq cents mais une pièce d'or de cinq dollars a roulé. sur le plancher!

« Et puis Harry Kaatenstein, Leah Kaatenstein et Jenny Kaatenstein se sont précipités et ont saisi leurs banques et ont commencé à trembler, à trembler avec beaucoup de *cliquetis* , *de cliquetis* d'argent et d'or contre le fer – car leur mère n'était-elle pas loin d'eux ? – pendant que le petit Willy Kaatenstein se tenait là. avec sa pièce d'or serrée dans sa main. Même sa jeune intelligence en connaissait la merveilleuse valeur, et il jugea sage de ne pas révéler son trésor au regard horrifié de Leah Kaatenstein.

"'Je vais chez Grove's et j'achète des chewing-gums avec mon nickel", dit Harry Kaatenstein en frappant et en tremblant, mais jamais un nickel n'apparut parce qu'il avait oublié la petite glissière en fer, qui ne servait que de temps en temps. est tombé de sous la fente et jamais au bon moment.

« *Je vais* chez Grove et j'achète une longue pipe à réglisse avec *mon* nickel », a déclaré Leah Kaatenstein - une longue pipe à réglisse était tout ce qu'elle pouvait obtenir pour son argent - elle aussi tremblait et martelait en vain, car elle aussi avait oublié le petit toboggan en fer.

« *Je vais* chez Grove et acheter des biscuits avec *mon* nickel », dit Jenny Kaatenstein, frappant et secouant également et oubliant la petite glissière en fer.

« Et le petit Willy Kaatenstein n'a jamais dit un mot, mais quand il a su quoi acheter avec son argent, il est sorti en courant par la porte d'entrée et a descendu la rue chez Grove's au coin.

« Or, quand Harry Kaatenstein, Leah Kaatenstein et Jenny Kaatenstein réfléchissaient et se réjouissaient de l'absence de leur mère, ils oubliaient en même temps de considérer et de craindre la proximité périlleuse d'Emma repassant dans la cuisine, la cuisine étant à côté de la salle à manger. .

« Soudain, alors qu'ils étaient au milieu de leur travail et qu'ils tremblaient et martelaient leur vie, inconscients de tout le reste, la porte menant à la cuisine s'ouvrit avec un silence inquiétant et la tête d'Emma apparut. C'était une tête sans charme à tout moment, et c'était une tête qui paraissait dangereuse à ce moment-là.

« Harry Kaatenstein, Leah Kaatenstein et Jenny Kaatenstein ont immédiatement perçu cette vision, et un silence épouvantable comme celui du tombeau a suivi la clameur qui avait été.

« 'Alors c'est ce que vous faites, jeunes membres !' dit Emma, et elle fondit sur eux et se jeta sur eux avant qu'ils ne puissent s'échapper, bien qu'ils se soient dirigés vers la porte avec une rapidité très honorable. Emma les tenait d'une main pendant qu'elle ramassait les banques de l'autre. Elle remarquait, en termes non mesurés, l'état du parquet ciré de la salle à manger, les qualités vicieuses de certains enfants qu'elle nommait, ce qui leur arriverait lorsque leur mère rentrerait à la maison, et ce qui allait arriver. à eux tout de suite.

« Et elle les conduisit à l'étage jusqu'à la chambre à coucher de leur mère et, après les avoir bien secoués, les enferma et descendit, portant la clé avec elle.

« Pendant ce temps, le petit Willy Kaatenstein était parti faire une course intéressante chez Grove's, au coin de la rue.

« Il est entré dans le magasin et s'est tenu devant une vitrine scintillante remplie d'objets.

« Et qu'est-ce que cela va être pour Maître Kaatenstein aujourd'hui ? » » dit l'homme derrière l'étui scintillant.

« Je veux des pastilles de gomme, des pipes à la réglisse et des biscuits — et quelques pastèques », dit le petit Willy Kaatenstein et il posa la pièce d'or brillante devant les yeux étonnés de l'épicier, car l'épicier s'attendait à voir le nickel semi-occasionnel de Kaatenstein - rien de plus. ou moins.

« Est-ce à vous, Maître Kaatenstein ? » dit l'épicier en regardant la pièce avec méfiance.

« Bien sûr que c'est le mien », dit impatiemment le petit Willy Kaatenstein. "Et je veux les choses tout de suite."

« Eh bien, je suppose que tout va bien, mon garçon », dit l'épicier. « Si ce n'est pas le cas, *l'un* de nous devra en souffrir, je suppose. Maintenant, qu'est-ce que tu disais vouloir ?

« Le petit Willy Kaatenstein a réitéré sa commande et a ajouté d'autres éléments.

« « Maintenant, maître Kaatenstein, dit l'épicier, vous ne pourrez jamais transporter tout cela. Cela fera un tas de trucs. Mieux vaut revenir chercher votre petit chariot - car il connaissait le chariot de Kaatenstein, y ayant souvent placé un papier de sucre ou un sac de sel ou trois boîtes de conserve de quelque chose selon l'ordre de Mme Kaatenstein - pour que les enfants puissent rentrer chez eux.

« Alors le petit Willy Kaatenstein est revenu en courant et a récupéré le petit chariot dans la cour avant, et l'homme a chargé les choses dedans. «Je dois aller faire un pique-nique», observa-t-il.

« Il y avait certainement un tas de choses. Il y avait suffisamment de longues pipes à réglisse dans le chariot pour satisfaire l'appétit des quatre Kaatenstein pendant plusieurs jours, et le nom des bonbons était légion. Et il y avait deux pastèques et des biscuits, de quoi satisfaire même le vaste désir de Jenny

Kaatenstein. Il y avait aussi des noix et des tartes dyspeptiques, et un grand nombre de petits chiens, chats et éléphants faits d'une sorte de bonbon très dur que tous les enfants de Kaatenstein trouvaient parfaitement adorable. Il y avait aussi des figues dans des boîtes, des pastilles de chocolat et des bâtonnets de bonbons rouges et blancs, parfumés à la menthe poivrée, à mettre l'eau à la bouche. Et toutes ces choses étaient en quantité surprenante et constituaient un fardeau si lourd que le petit Willy Kaatenstein avait du mal à le traîner dans la rue. Mais le petit Willy Kaatenstein avait de petits bras puissants et lui et le chariot progressèrent lentement et sûrement vers la maison des Kaatenstein. L'épicier se tenait devant sa boutique, regardant le garçon, le chariot du garçon et le contenu du chariot avec un sourire perplexe et quelque peu dubitatif.

« Le petit Willy Kaatenstein est entré dans sa cour avec le chariot et s'est dirigé vers l'arrière du côté de la maison où il n'y avait pas de porte de cuisine. Il traîna tranquillement le chariot jusqu'à l'extrémité de la cour arrière et ouvrit la porte de l'enclos en lattes où étaient gardés les canards et les oies de Mme Kaatenstein. Il entra et recula le chariot derrière le canard et le quitta.

«Puis le petit Willy Kaatenstein a fermé le portail à lattes et a couru chercher Harry Kaatenstein, Leah Kaatenstein et Jenny Kaatenstein et les a invités à la fête.

«Mais ils étaient introuvables. Il cherchait partout dans la maison et à l'extérieur, mais il n'y avait aucun signe d'eux et, pour une raison quelconque, il pensait qu'il ne poserait pas à Emma des questions sur leur sort.

«Ainsi, après avoir chassé pour ses proches tout ce qu'il jugeait bon, le petit Willy Kaatenstein ne pouvait que sortir sur les routes et les chemins et appeler les boiteux, les boiteux et les aveugles. En conséquence, il se glissa à travers la clôture et retourna dans la ruelle jusqu'à la maison immédiatement derrière la sienne, à la recherche de Bill et Katy Kelly, deux amis irlandais des enfants Kaatenstein, avec lesquels ils n'étaient pas autorisés à jouer. Bill et Katy Kelly, bien sûr, n'étaient ni boiteux, ni boiteux, ni aveugles, mais étaient très sains de corps et de constitution, et étaient extrêmement réceptifs à l'invitation du petit Willy Kaatenstein à venir à la fête. Les fêtes étaient des choses dont Bill et Katy Kelly se délectaient, lorsqu'ils en avaient l'occasion.

« Ainsi, en compagnie du petit Willy Kaatenstein – lui avec ses boucles et son costume blanc, et les deux en vêtements très sales – ils les ont fait passer à travers la clôture jusqu'au festin. Ils atteignirent la cour aux canards sans être vus par Emma, l'ennemi juré, et trouvèrent le petit chariot en sécurité, et les canards et les oies le regardaient, scrutaient et tendaient le cou vers lui et son contenu avec beaucoup de curiosité.

« Cette curiosité, de la part des volailles, a dû se transformer en étonnement lorsqu'ils ont vu l'attaque lancée contre le chariot et les choses étranges dans la manière de manger qui ont suivi.

« Comment Bill et Katy Kelly ont mangé et comme ils se sont régalés ! Et le petit Willy Kaatenstein pataugeait littéralement dans les bonbons et les longues pipes à réglisse. Ils commencèrent le festin par une tarte ; de la tarte, ils se tournèrent vers les figues ; des figues, ils sont passés aux petits animaux coriaces ; et de là aux cookies ; et des cookies aux longues pipes à la réglisse. Puis ils cessèrent de manger consécutivement et se rendirent à la fête entière au hasard.

« Ils ont mangé vite et furieusement pendant plusieurs minutes.

«Puis la première ardeur de la fête s'est calmée et le petit Willy Kaatenstein, pour sa part, a semblé se désintéresser non seulement des fêtes mais du monde en général. Il s'assit sur une caisse qui contenait un canard pondant douze œufs, et regarda le sol de l'air de quelqu'un qui a quelque peu perdu la perspective.

« Bill et Katy Kelly mangeaient toujours, mais plus, semblait-il, par sens du devoir envers eux-mêmes que par appétit, et bientôt leur alimentation devint décousue, et ils commencèrent à jeter les restes du festin aux volailles. Ceux-ci regardèrent d'abord de travers la nourriture extraordinaire qu'on leur prodiguait, mais finalement s'y livrèrent avec folie, comme s'ils se délectaient eux aussi des festins.

"Mme. Le visage de Kaatenstein aurait dû être une étude si elle avait vu ses canards et ses oies chéris bourrer leurs récoltes de pipes à la réglisse et de bonbons.

«Mais Mme Kaatenstein était absente pour l'après-midi.

« Pendant que ces choses se passaient dans sa cour aux canards, d'autres non moins intéressantes se déroulaient à l'étage, dans sa chambre, où Harry Kaatenstein, Leah Kaatenstein et Jenny Kaatenstein étaient prisonniers d'Emma.

«Au début, ils se sont simplement assis sur le siège de la fenêtre et ont discuté des nombreuses choses fâcheuses qu'ils souhaitaient qu'Emma arrive. Après avoir pendu, écartelé et écartelé cette dame aux proportions libérales jusqu'à ce qu'ils n'en puissent plus, ils se sentirent mieux. Puis ils parcoururent la chambre de leur mère en quête de divertissement, de sorte que le bureau en noyer noir, contenant les jouets avec lesquels ils n'étaient pas autorisés à jouer, fut amené à déployer la richesse de ses trésors. Le sol de la chambre à coucher de Mme Kaatenstein présentait un aspect bigarré. Jenny Kaatenstein a même oublié de manquer son morceau de pain sans levain dans son enthousiasme à l'idée de tenir sa propre énorme poupée de cire sur ses genoux. Et le cirque, la machine à vapeur, le piano tintant, les services à thé, les chiens qui aboient, les livres d'images et toutes sortes d'autres choses furent enfin utilisés aux usages pour lesquels ils étaient destinés. Et ils allèrent même jusqu'à l'écrin et sortirent leurs montres.

«Mais Harry Kaatenstein, Leah Kaatenstein et Jenny Kaatenstein, même s'ils étaient agréablement excités, étaient pourtant très inquiets dans leur esprit. Ils savaient qu'ils n'avaient pas encore renoncé au paiement des affaires de la journée.

"Le reste de l'histoire est assez évident", a déclaré mon amie Annabel Lee en riant doucement et en changeant de ton.

«Mais s'il vous plaît, dites-le», dis-je avec beaucoup d'empressement.

« Eh bien, dit mon amie Annabel Lee :

« L'après-midi s'est écoulé et Mme Kaatenstein est rentrée à la maison. Elle entendit des bruits inhabituels dans sa cour aux canards bien-aimée et s'y enfuit aussi vite que ses belles proportions le lui permettaient.

«Ses yeux rencontrèrent un spectacle qui les exaspéra.

« Ils virent le petit Willy Kaatenstein, visiblement pâle et bouffi, assis faiblement sur une boîte contenant un canard couché – et les deux enfants répréhensibles de Kelly, en ce moment, nourrissant sa meilleure oie avec des bonbons. Des détritus d'une variété effrayante étaient éparpillés partout dans la cour des canards, autrefois soignée, et une demi-douzaine de ses petits canetons étaient occupés à manger une atroce pastèque. Personne d'autre que ces jeunes Irlandais n'aurait pu apporter autant de déchets. Il n'a pas fallu longtemps à Bill et Katy Kelly pour comprendre qu'ils n'étaient pas recherchés là-bas. Mme Kaatenstein a pour l'instant quelque peu assouvi leur penchant pour les fêtes. Pendant qu'ils partaient, elle leur ordonna d'emporter avec eux leurs viles affaires, ce qu'ils étaient assez disposés à faire – autant qu'ils pouvaient en transporter. Ils jetèrent un regard inquiet sur le petit Willy Kaatenstein, mais le visage du petit Willy Kaatenstein n'était que pâle, bouffi et très passif. Après avoir dispersé les Kelly, Mme Kaatenstein conduisit son fils dans la maison et s'arrêta dans la cuisine pour demander à Emma pourquoi elle permettait que de telles choses se produisent, et lui ordonna d'aller immédiatement nettoyer la cour aux canards. Emma obéit, renonçant d'abord à la clé de la chambre de Mme Kaatenstein et expliquant qu'elle la possédait.

« Alors Mme Kaatenstein, après avoir soigné le pauvre petit estomac du petit Willy Kaatenstein et l'avoir soigneusement étendu sur un canapé dans une pièce fraîche et sombre, s'est rendue dans sa propre chambre, d'où provenaient des bruits inhabituels. Déverrouiller et ouvrir la porte, un spectacle comme elle n'en avait pas connu ces dernières années, bouleversa son esprit.

« Le court silence de mort qui suivit son apparition sur le seuil n'était que souligné par le joyeux tintement du petit cirque gai qui avait été fermé et ne voulait pas s'arrêter, même sous la sombre influence d' une tragédie imminente.

«Eh bien», a déclaré mon amie Annabel Lee, «le cas de Harry Kaatenstein, Leah Kaatenstein et Jenny Kaatenstein a été pris en charge par leur mère. Elle les fouetta tous profondément et les envoya au lit.

« Mais quant au petit Willy Kaatenstein, sans avoir l'air le moins du monde pâle ou bouffi, il s'assit ce soir-là, après le dîner, sur les genoux de l'oncle Will, portant sa propre montre en or sortie de son écrin et étant continuellement invité à prendre un verre. verre de bière.

"Mais dans la cuisine, Emma disait à Juley que même si elle avait autrefois beaucoup pensé au petit Willy Kaatenstein, elle le croyait maintenant honnêtement comme le pire des quatre.——

« Cette histoire, a déclaré mon amie Annabel Lee, était très ennuyeuse. Tu ne devrais pas me demander de te raconter des histoires.

«Je suis désolé si cela vous a fatigué», dis-je. « Mais l'histoire était tout à fait fascinante. C'était *exactement* comme les Kaatenstein. Et vous, qui racontez l'histoire des Kaatenstein, êtes délicatement, oh, délicatement incongru ! »

« Avez *-vous* déjà assisté à une fête dans la cour aux canards de Kaatenstein ? a dit mon amie Annabel Lee.

«Oui, en effet», dis-je, «avec Bill et Katy Kelly, à l'âge de onze ans. Et j'ai vu tous les jouets du bureau en noyer noir.

« Et qui choisiriez-vous, dit mon amie Annabel Lee, d'être à un festin avec les Kaatenstein à l'âge de onze ans, ou ici, maintenant, avec moi ?

"En fin de compte," dis-je, "ici avec vous, maintenant, de loin."

« C'est très gentil de votre part », a déclaré mon amie Annabel Lee en me regardant avec ses yeux violets.

XXI
UN LIEN DE SYMPATHIE

Après m'avoir raconté des histoires, mon amie Annabel Lee m'a demandé d'écrire un peu de vers pour lui lire.

Mes vers sont un peu pourris, et je le lui ai dit. Elle répondit que le fait qu'ils soient pourris n'avait que peu à voir avec le problème, que la plupart des vers étaient pourris de toute façon, et généralement plus ils étaient pourris, mieux ils convenaient au lecteur.

Elle était de cette humeur.

Alors j'ai écrit quelques lignes et je les lui ai lues : il n'y avait rien d'autre à faire. Elle avait eu la gentillesse de me raconter des histoires, même si elle les racontait probablement parce que cela l'amusait. Quand j'ai fini de lire, elle a dit que le verset n'était pas du tout pourri. Elle, de son côté, le qualifierait de pas encore tout à fait mûr.

«C'est le *verset*», a déclaré mon amie Annabel Lee. « Quant au sens des mots qui y sont contenus, cela trahit beaucoup de choses. La chose la plus frappante qu'il trahit est votre âge. Cela montre que vous avez dépassé la période de dix-neuf et que vous êtes arrivé exactement à vingt-un. Et c'est donc un morceau de vers triomphal.

« Ne savez-vous pas, dit mon amie Annabel Lee, combien de vers sont lancés sur le monde qui *ne signifient absolument rien* ? Et ainsi, quand on tombe sur un élément qui révèle même la plus petite chose, comme la taille de l'écrivain ou la couleur de ses cheveux, alors on se sent récompensé.

«Et vos vers racontent encore d'autres choses», dit mon amie Annabel Lee. "La première est que vous pensez encore, comme nous l'avons déjà convenu une fois, à ce qui s'ouvrira un jour merveilleusement pour vous."

"Je n'étais pas d'accord avec ça, vous savez", dis-je.

"Eh bien, j'ai accepté cela pour nous deux", a déclaré mon amie Annabel Lee. « Et votre verset le trahit si clairement qu'on est amené à penser qu'il y a des personnes qui deviennent plus pleines d'espoir à chaque instant d'obscurité qui les surprend. Si votre vie n'était que feu et soleil, vous écririez des vers très différents. Et si cela disait quelque chose, cela dirait que pendant que vous attendez avec impatience encore plus de feu et de soleil, vous sauriez d'une manière ou d'une autre que vous n'en aurez plus vraiment, mais que cela augmentera de moins en moins au fil des années, et au fil des années. une fois que tu étais une vieille dame, et que tu n'étais pas encore prête à mourir, elle s'effondrerait complètement.

« Ce serait selon la loi de la compensation », dis-je. « Et il faudrait beaucoup de feu et de soleil dans sa jeunesse pour compenser quiconque serait devenu une vieille dame et en aurait manqué.

«Ce serait le cas», a déclaré mon amie Annabel Lee. « Maintenant, quand tu seras vieille, même si tu ne seras jamais ce qu'on appelle une vieille dame, tu seras tout à fait douce. Et probablement moins vous aurez besoin d'être doux, plus vous le serez.

"Je ne souhaite pas être ainsi", dis-je. "Je pense que ce genre de personne est pitoyable, vivant année après année."

« Vous ne ferez pas pitié », a déclaré mon amie Annabel Lee. « On ne peut pas être à la fois doux et pitoyable. Il se peut qu'être doux soit la meilleure chose et la plus confortable. Il se peut que les gens luttent tout au long de leur vie avec un seul objectif en tête : être doux dans leur vieillesse. Ce verset donne certainement l'impression que *vous* l'attendiez avec impatience.

"Je ne vois pas du tout que cela ressemble à ça", dis-je.

« Bien sûr que vous ne pouvez pas », a déclaré mon amie Annabel Lee. "Vous avez écrit le verset, et vous n'êtes que vous."

"Et quelles sont les autres choses qu'il trahit ?" J'ai demandé.

«Cela trahit», a déclaré mon amie Annabel Lee, «que vous êtes meilleur dans les détails que dans l'ensemble. Et si cela est vrai pour vous sur un point, cela l'est également pour vous en tout. J'ose dire que vos amis trouvent en vous des choses qu'ils aiment extrêmement, mais vous dans l'ensemble, ils vous considèrent comme quelque chose qui a beaucoup à acquérir.

"Pas mes *amis* ?" dis-je.

"Oui, vos *amis* ", a déclaré mon amie Annabel Lee.

"C'est une chose amère à montrer dans un verset," répondis-je, "et une chose amère à avoir dans mon esprit."

"Eh bien, et n'es-tu pas assez sage pour préférer les choses amères aux choses douces ?" a dit mon amie Annabel Lee. « Pour chaque chose douce que vous avez en tête, c'est à vous de payer un prix extrêmement amer. Alors que les choses amères sont des biens précieux. Et si c'est vrai pour vos amis, bien sûr, vous souhaitez le savoir.

« Non, dis-je, je ne souhaite pas le savoir. »

"Mais au moins," dit mon amie Annabel Lee, avec une voix merveilleusement adoucie pour devenir quelque chose de sincère et d'enchanteur, "croyez ce que je vous en ai dit, car dans ce cas, vous et moi avons ce bon cadeau : un lien de sympathie. Car si j'avais des amis de ce genre, ils me considéreraient comme quelqu'un ayant beaucoup à acquérir, c'est sûr. Mais ne considérez pas le lien de sympathie comme une chose douce, dit précipitamment mon amie Annabel Lee, rappelez-vous le prix extrêmement amer.

« Je croirai ce que vous avez dit à propos des amis, dis-je, et c'est assez amer pour purger mon âme pour un temps. De toute façon, le lien de sympathie n'est pas une chose douce. Je ne m'attends pas à avoir à payer pour cela… Et cela apporte un sentiment de repos…. »

« Un lien de sympathie, a déclaré mon amie Annabel Lee, est déjà payé. Ça marche très bien. Ce n'est pas sucré, ça a plutôt le goût d'une cigarette ou d'une olive.

«À propos du verset», a déclaré mon amie Annabel Lee.

"S'il vous plaît, ne parlons plus de ça", dis-je.

«Tout ce que vous voulez», a dit mon amie Annabel Lee.

Et nous avons parlé de George Sand et de ses livres.

Quoi qu'il en soit, c'était mon petit vers pas encore mûr :

Hier, mon étoile s'est couchée dans l'ombre profonde.
C'était léger
Comme l'ondulation de l'eau ;
Et beaucoup de petites choses chères allaient avec, et je les observais :
je savais que mon étoile ne se lèverait plus jamais.

Hier, mon étoile s'est couchée dans l'ombre profonde.
Cela se passait doucement
Comme les pénombres du soir ;
Et au fur et à mesure, mes pensées frénétiques le poursuivaient sans espoir :
je savais que mon étoile ne se lèverait plus jamais.

Hier, mon étoile s'est couchée dans l'ombre profonde.
C'est allé tendrement
Comme mon ami qui m'aime ;
Mais depuis qu'il est parti, le chemin s'assombrit, mes deux yeux sont fatigués de regarder :
je sais que mon étoile ne se lèvera plus jamais.

XXII
LE MESSAGE D'UNE ÂME TENDRE

« L E MESSAGE d'une âme tendre », a déclaré mon amie Annabel Lee, « est une chose qui ira loin, oh, jusqu'ici, et ne perdra rien d'elle-même.

« Quand toutes les choses du monde sont comptées, les belles choses sont en plus grand nombre. Et quand toutes les choses du monde sont prises en compte, le message d'une âme tendre compte bien plus que bien d'autres.

« Une âme tendre ne reçoit aucune gratitude pour son message, ne recherche aucune gratitude et ne sait pas ce que signifie la gratitude. Et la tendresse du message est toute défait et toute inconnue, mais elle se ressent pendant de très, très longues années.

« Le message d'une âme tendre traverse la mer dans la solitude de la nuit et rien ne l'arrête en chemin, car tous savent ce que c'est et lui disent bonne chance. Et il descend et contourne une montagne jusqu'à une maison où il y a du malheur, et si avant son arrivée cette maison avait détourné la charité, l'amour, l'amitié, la bonne volonté et la paix, et avait envoyé une malédiction après eux tous, elle s'ouvre quand même. ouvre ses portes au message d'une âme tendre. Car sa venue n'est pas annoncée, et l'âme qui l'envoie ne connaît même pas sa tendresse, et les cœurs de tous dans cette maison où règne le malheur sont profondément, sans le savoir, réconfortés. Et cela parle de la stérilité d'une campagne où aucune chose verte ne pousse, et la stérilité est alors plus que le paradis, si le paradis n'avait pas un tel message. Et il va là où de belles fleurs poussent par milliers, où l'eau pétillante se mêle à l'eau pétillante et désaltère, là où la longue mousse grise pend des bouleaux, où flottent des nuages pâles - et elle-même est plus belle que tout cela. Avez-vous ressenti toutes ces choses tendres qui descendent dans les profondeurs ? Ils apportent du réconfort, mais aussi des larmes aux yeux et de la douleur au cœur. Le message d'une âme tendre, qu'apporte-t-il sinon un réconfort ineffable au cœur ? Vous ne sentez pas que c'est un message, vous ne sentez pas que c'est une chose divinement belle. Il n'y a pas de larmes de sel soudaines. Seul le message est là, seul il fait ce pour quoi il est envoyé. Êtes-vous sorti et avez-vous fait tout le travail que vous pouviez faire, et l'avez-vous fait fidèlement sans demander aucune récompense - et êtes-vous revenu et avez-vous crié avec amertume d'esprit ? Puis, il se peut que des choses merveilleusement belles soient venues de là-bas pour vous dire : Prenez courage. Mais il n'y avait pas de « courage » pour vous. Alors peut-être est-ce venu de là où vous ne regardiez pas, le message d'une âme tendre. Puis il y a eu du réconfort, et sans larmes de douleur ni larmes amères et amères de joie. Il y avait un profond réconfort pour que vous puissiez à nouveau sortir et travailler sans récompense. Il y a un travail qui n'a aucune récompense. Pour ceux qui travaillent sans récompense, il ne peut y avoir de réconfort dans toute l'immensité, sauf le message d'une âme tendre. Êtes-vous sorti et avez-vous fait tout le mal que vous pouviez faire, de manière cruelle, et avez-vous enlevé à quelqu'un la foi en quelqu'un - et êtes-vous revenu et avez-vous souffert plus que n'importe lequel d'entre eux ? C'est peut-être alors qu'est venu le message d'une âme tendre — et bien d'autres choses ont disparu de votre cœur. Et toujours, il n'y avait pas de larmes. Et s'il y a trop de choses pour vous dans la vie, et si les innombrables choses proches et lointaines du monde vous envahissent et vous remplissent d'une peur horrible, alors, si le message d'une âme tendre arrive, une à une, elles reculent, et dans ton cœur se trouve le réconfort pour les longues, longues années.

« Il y a eu ceux qui ont eu un bonheur plus grand que le monde, mais à la fin il n'y a eu aucun réconfort, car leur bonheur entraînait des larmes de joie et d'émotion d'une source infinie.

« Si tu as désiré le bonheur et si tu as faim et soif, après qu'est venu le message d'une âme tendre, tu t'es contenté d'une branche d'un pin vert.

« Si vous avez ressenti mille choses tendres et bu mille coupes et que vous étiez ensuite sur le point d'écrire en lettres noires que tout, *tout* vous a échoué, si alors le message d'une âme tendre est venu, vous avez écrit à la place que rien ne vous a fait défaut, que vous avez fait demi-tour et que vous avez tout essayé à nouveau.

« Si pour vous et moi aujourd'hui, par des collines gelées et des prairies verdoyantes, venait d'un pays lointain le message d'une âme tendre, devrions-nous frissonner quand il fait noir et devrions-nous redouter l'arrivée des années, et devrions-nous considérer qu'est-ce qui amènerait la lassitude et qu'est-ce qui amènerait le repos, et devrions-nous mesurer et contempler ? Mais non. Car le message d'une âme tendre est un message de celle qui a trouvé le calme et est absolument en paix, et qui est allée si loin vers les étoiles et si loin à travers la terre verte qu'elle a effectivement atteint la vérité, et son l'âme donne sa tendresse sans penser, et sans savoir, et tout cela dans le noir.

« Et quand nous ressentirions le message, tout cela sans le savoir, cette foi de longue date reviendrait, et cette plénitude de vie, et ce sentiment de réalité, et l'éclat du soleil prendrait une nouvelle signification.

« Il se peut, dit mon amie Annabel Lee, que nous devrons aller encore plus loin dans le désert avant que le message n'arrive, et il se peut aussi qu'il n'arrive pas avant de nombreuses années.

"Mais il est réconfortant à tous égards de savoir qu'une telle chose existe."

Plus que le message qui pourrait arriver, j'ai considéré la voix sans dureté mais avec douceur et le visage de lys de mon amie Annabel Lee.

XXIII
MOI À MON AMI ANNABEL LEE

J'ai ÉCRIT avant-hier cette lettre à mon amie Annabel Lee :

Montréal. ——

Chère Belle Dame :

Depuis que je suis venu séjourner à Montréal pendant un certain temps, et que vous êtes toujours à Boston, je vous ai vu, parfois, de manière encore plus vivante que lorsque j'y étais. Tu viens dans mes rêves en pleine nuit.

Pouvez-vous imaginer ce que vous êtes dans mes rêves ?

J'attends avec impatience la fin de mon séjour ici, pour aller vous retrouver ; — mais mon impatience s'atténue un peu quand je pense que si je suis avec vous, cette vision peut disparaître de mes rêves. ——

Je vais vous écrire quelques-unes des choses que j'ai trouvées ici.

Il y a beaucoup de choses à Montréal qui me ramènent dans les brumes obscures, les jours merveilleux où je n'avais vécu que trois ans. Ce n'était pas ici, mais plus à l'ouest ; néanmoins, ce qui est au Canada est canadien et ne change ni ne varie. Cette terre, cette eau et cet air canadiens réveillent des ombres dans ma mémoire, ainsi que des visions et des voix du monde tel qu'il était lorsque j'avais trois ans.

Tout cela est extrêmement juste à voir par ici. Les champs sont verts, non pas comme dans le Massachusetts, mais comme ils pourraient l'être dans le sud de la France. Il y a une belle et large rivière bleue que l'on peut voir de loin, et elle envoie une brume et alors tout est gris pays français et gris villages français. Quand vous approchez, vous voyez les paysans français travaillant dans les champs – des vieillards et des jeunes filles, et des femmes très vieilles et étranges, tous sans mots anglais à la bouche et sans rien d'anglais dans leur vie s'ils peuvent l'éviter. Ils portent des anneaux de cuivre aux mains et aux oreilles, et les femmes portent des jupons de femme-poisson de couleur gaie, et dans tous leurs visages et dans leurs yeux se trouve cet air qui vient du travail toujours parmi les légumes au soleil, l'air d'un homme pitoyable. , cerveau inutile.

Et il y a cette étrange et longue colline couverte d'arbres qu'on appelle le Mont Royal. J'en ai en tête une image d'un siècle révolu, lorsqu'un Français aventureux et courageux et quelques Indiens sauvages se tenaient haut à son sommet - lui avec le drapeau français déployé au vent, et les Indiens se protégeant les yeux et regardant de haut en bas dans la vallée. Et il n'y avait aucun signe de vie humaine dans la vallée, et tout n'était que végétation sauvage, sous-bois enchevêtré et silence de mort, à l'exception peut-être du bruit lointain des sabots sauvages volant dans la forêt. Et maintenant, cette colline est le refuge de beaucoup de choses cachées parmi les arbres : des couvents entourés de murs de pierre hauts, épais et solides, et à l'intérieur des murs se trouvent des religieuses lourdement enveloppées qui ont dit adieu à toutes choses du dehors. Et il y a des hôpitaux fondés et dotés au nom de la Vierge, des collèges de jésuites, des loges de prêtres et des confréries.

Et au milieu de la vallée du Saint-Laurent, là où regardaient les Indiens, se trouve cette vieille ville de pierre grise, et sur la place d'Armes se trouve une belle statue triomphante de Maisonneuve avec son drapeau français.

Cette ville de pierre grise est construite en épaisses cathédrales de pierre grise, et certaines d'entre elles sont très belles, et certaines d'entre elles sont multicolores comme des arcs-en-ciel à l'intérieur, et toutes sont catholiques romaines et françaises.

Les églises protestantes ne sont que des églises.

Et la cathédrale Notre-Dame , lorsque le soleil couchant touche ses grandes et hautes tours jumelles grises de rouge, est encore plus que française et catholique. Les femmes au visage blanc du couvent voisin devaient nécessairement avoir une image de ces tours éternelles gravées sur leurs cœurs étroits et dévots. À l'intérieur, Notre-Dame est la plus belle avec des saints et des vierges aux couleurs brillantes et une passion pour la richesse et le romanisme.

Et n'est-il pas merveilleux de penser que beaucoup de ces bâtiments et habitations en pierre grise se trouvaient ici dans les années 1600, et que des religieuses grises se promenaient dans ces mêmes jardins verdoyants il y a deux siècles ? Et c'était le même pays par ici, et la même eau bleue.

Et en fin de compte, la campagne et l'eau bleue ont toujours été là et sont les choses les plus merveilleuses de toutes. Si les bâtiments de pierre grise étaient d'or jaune, d'émeraudes et de brillants, le pays vert ne serait pas plus beau ni moins exquis, et le bleu de l'eau ne pénétrerait pas plus profondément dans le cœur ni moins profond, et le pâle les nuages flotteraient haut et doucement avec le même mystère d'antan. Et les siècles qu'ils connaissent sont innombrables.

Les choses naturelles sont les mêmes dans le Massachusetts, mais ici elles semblent encore plus anciennes. Vous ressentez le souffle d'il y a très longtemps parmi la nature sauvage du vert, comme si seuls les êtres humains étaient passés et repartis, mais qu'ils n'avaient jamais changé la moindre brindille ou le moindre brin d'herbe. Il semble qu'il attende, et sa patience dans l'attente est sans fin.

De l'autre côté de la montagne couverte d'arbres, j'ai vu une route de campagne plate, légèrement incurvée, avec le soleil dessus et quelques petits moineaux anglais qui se posaient et volaient le long de celle-ci et cueillaient des grains. Et l'herbe au bord de la route était haute, rêche et douce pour les sens, et la route menait aux fermes, à la rivière et aux bois sauvages. Les vaches se nourrissaient près d'un ruisseau peu profond, et il y avait des buissons de sumach, épais et sombres, à proximité.

Pendant plusieurs minutes, lorsque mes yeux se sont posés sur cela, je me suis senti absolument satisfait de toute la vie.

Pendant que je vous dis cela, Annabel Lee, je ne suis pas sûr que vous m'écoutiez – et pour ma part, je *vous vois* bien plus que tout ce dont j'ai parlé. Je me demande comment il est possible que vous n'ayez vécu que quatorze ans, même les quatorze ans d'une Japonaise. Et je revois dans mon esprit : tes lèvres rouges, et tes cheveux d'un noir mortel, et tes yeux violets, et tes mains merveilleuses, et ton front avec la pointe de la veuve, et les deux courtes mèches latérales qui s'incurvent, et ton visage. minceur dans la robe écarlate et brodée d'or.

Et surtout, je vois tes yeux lorsqu'ils sont pleins de douces ombres violettes, et tes lèvres lorsqu'elles sont tendres, et ton cœur, comme je l'ai déjà vu, et ses profondeurs qui sont d'une pureté blanche.

Hier soir, j'ai eu une vision de toi avec tes yeux violets écarquillés et me regardant avec les paupières toujours blanches. Et j'ai été frappé d'horreur par leur regard de lassitude du monde - à quel point c'est terrible, comment cela nous suit dans les ténèbres et la lumière, comment c'est chagrin, rage et folie, comment cela fait mal au cœur. jusqu'à ce que tous les nerfs de la vie en souffrent – et il n'y a pas de fin ; comme c'est la vie et la mort, et on ne peut y échapper ! — un monde de larmes, de supplications et de vœux ; mais non, il n'y a pas d'échappatoire.

Et puis à nouveau, j'ai levé les yeux vers tes yeux violets qui me regardaient pleins de mépris et de triomphe forts et élevés. "Pensez-vous que nous n'avons pas conquis la vie ?" ils ont dit. « Pensez-vous que nous ne pouvons pas écraser tous les petits démons qui prétendent torturer ? Pensez-vous que nous ne pouvons pas *tout vaincre* ? Qui est là que nous ne connaissions pas ? Où est-ce que nous ne sommes pas allés ? Y a-t-il des ombres immobiles, immobiles, qui nous ont fait grincer des dents auparavant ? Y a-t-il des lumières brillantes dans le ciel que nous n'avons pas affrontées avec audace et que nous n'avons pas mises de côté ? Et les pierres, les étoiles et les brumes sur la mer sont moindres que nous, *nous* sommes la plus grande chose de toutes.

Ainsi tes deux yeux quand je dormais, et quand je me réveillais je te revis tel que tu l'as regardé tant de fois - l'expression de tes lèvres rouges, et ta voix avec une vague amertume, et ton visage de lys impénétrable.

Je vous reverrai ainsi plusieurs fois, mon amie Annabel Lee.—

Il n'en reste pas moins que je suis à Montréal et au Canada. Et au fil des jours, je me rappelle que j'ai en moi les vieux instincts canadiens. Le mot « Canadien » a toujours évoqué dans mon esprit une foule confuse de choses, comme du porridge pour le thé, et Sir Hugh MacDonald, et la Fête du Dominion, et ma tante Elizabeth MacLane, et des photos démodées de Sa Majesté la Reine, et le jour des Orangistes, et « bonne nuit » pour bonsoir, et « bobine de coton » pour bobine de fil, et « étain » au lieu de boîte de conserve, et du fromage canadien, et *des baies crues* dans un seau verni, et le Queen's Own en Toronto, et des soldats en habits rouges, et des enfants en kilt écossais, et des tartelettes à la confiture, et du sucre d'orge, et du corégone du lac Winnipeg, et du C. P. R., et du Parlement à Ottawa, et des promenades en toboggans, et Lord Aberdeen, et tout ce qui vient d'Angleterre est bien meilleur et moins cher que les produits américains, et tout ce genre de choses. Et mon esprit a toujours eu une couleur pour le Canada : une nuance de vert foncé mêlé de brun doré.

Même à Montréal, où tant de choses sont françaises, il y en a suffisamment pour que cela soit incontestablement canadien. On voit encore les marques de Sa Majesté la reine, mais les commerçants affirment avec assurance qu'« Édouard fera un bon roi », et les hommes canadiens sont maquillés autant que possible selon son modèle, robustes et avec cette courte barbe pointue.

Dans la verdure de Dominion Square se trouve la plus belle pièce de sculpture que j'ai vue. Toutes les statues qui se trouvent à Montréal sont plus belles que la plupart de leurs semblables, et il n'existe pas de créations aussi hideuses qu'on en trouve à Boston et à New York. La statue de Dominion Square est une figure en bronze de Sir John A. MacDonald. Le visage du personnage est tout ce qui est serein et bienveillant, et les lignes du corps et des mains sont tracées avec force et beauté. On ne sait pas si c'est comme sir John A. MacDonald : il suffit que ce soit une œuvre d'art exquise pour orner une ville. Et la statue de Maisonneuve est une belle et belle chose, et elle est tout à fait vivante. Le bronze n'est pas du bronze, mais il a dans les veines du sang rouge du XVIIe siècle, et le bras levé et la main avec le drapeau signifient la conquête et la victoire.

Je verrai Québec et le long du fleuve bleu avant de vous revoir, et ils seront, comme Montréal, mêlés à une impatience multicolore d'être de nouveau parmi vous.

Au sommet de la tour d'un bâtiment en pierre grise que je vois depuis ma fenêtre se trouve une tête de gorgone sculptée, une représentation de Méduse aux mèches serpentines. Elle se trouve à des centaines de mètres au-dessus de moi alors que je suis assis ici, mais je vois clairement l'expression de son visage : elle est désolée et décourageante. Il dit : Pensez-vous que vous reverrez cette belle Lily Annabel Lee ? Eh bien, comme vous êtes stupides à votre époque et dans votre génération ! Au cours de mes années, j'ai vu disparaître de nombreux lys blonds. Ils passent toujours.—

Dites-moi, Annabel Lee, est-ce qu'ils réussissent toujours ? Mais non, je te retrouverai. Tu rendras toutes choses multicolores pendant mille milliers de jours d'or. Et ne sommes-nous pas de bons amis d'une manière ou d'une autre ? Et ne faisons-nous pas le chemin ensemble ?

Mais je me demande toujours pourquoi la gorgone semble si effrayante .

Toujours mon amour pour toi.

MARY MacLANE.

XXIV MON
AMI ANNABEL LEE POUR MOI

Et ND après quelques jours, mon amie Annabel Lee m'a écrit ceci sur un carré de papier de riz :

Boston,—lundi.

Chère Mary MacLane : Ne savez-vous pas qu'une gorgone est la chose la plus savante du pays ?

Vous pouvez croire ce que dit votre ami à propos des beaux lys.

Mais ai-je déjà dit que j'étais un beau lys ?

Quant à mes yeux, ils sont surtout bons pour voir. Et ils sont mauvais pour beaucoup de choses.

Oui, rentre bientôt à la maison, mon enfant.

Tu me manques quand je viens me parer le matin avec ma combinaison lavande et ma robe écarlate. Et les marguerites d'or n'ont pas été brossées depuis ton départ.

Je n'ai personne pour me tenir compagnie, à part Ellen, la fidèle petite biche brune, et elle ne peut pas m'attendre, et elle ne peut pas m'adorer.

Qu'avez-vous fait de Martha Goneril, la chatte ?

J'aurais aimé que tu la laisses ici.

Mais Mary MacLane... *vous* . Êtes vous au courant?

VOTRE AMIE ANNABEL LEE.

XXV
L'ONDULATION D'OR

Mon amie Annabel Lee et moi nous ressemblons à bien des égards. Chaque jour, nous contemplons ensemble un grand mur blanc, constitué de pierres bleues et ternes. Il se tient devant nous et nous ne pouvons pas nous en remettre, car il est trop haut ; nous ne pouvons pas non plus en faire le tour, car c'est trop long ; et on ne peut pas le traverser, car il est solide et très épais. C'est juste de l'autre côté de la route. Nous avons tous deux parcouru un chemin court, si court que nous pouvons facilement revenir sur notre parcours jusqu'au point où nous avons commencé. Nous n'avons pas marché ensemble à partir de là, mais nous nous sommes rencontrés maintenant devant le grand mur vierge de pierres bleues.

« Nous nous sommes arrêtés ici, car nous ne pouvons pas continuer.

Je m'interroge et je conjecture beaucoup sur le mur, et mon amie Annabel Lee le considère parfois avec intérêt et parfois sans intérêt.

Et parfois, nous oublions complètement le mur et nous contentons de nous asseoir et de nous reposer à l'ombre qu'il projette, ou de revenir sur la route, ou dans l'herbe qui l'entoure, ou encore de cueillir quelques baies sauvages et sucrées sur les ronces rabougries du bord du chemin.

Et aussi, quand un orage éclate et que l'air est plein de vent et de pluie qui sifflent et obliquent autour de nous, nous nous accroupissons contre la base du mur, et nous ne devenons pas aussi mouillés que nous le serions s'il n'y avait pas de mur.

Mais ce n'est que lorsque le vent vient d'au-delà.

Lorsque le vent avec son flot de pluie vient vers nous alors que nous nous accroupissons près du mur, nous sommes battus, trempés, secoués et poussés durement contre cette surface froide et bleue. Et les bords irréguliers des rochers nous font des bleus sur le front.

Certains jours, nous sommes extrêmement fatigués de regarder le grand mur blanc – et de l'avoir déjà regardé pendant de nombreuses journées, et de nombreuses journées.

«C'est si haut et si épais», dis-je.

«C'est tellement long», dit mon amie Annabel Lee.

Selon toute apparence, nous sommes allés aussi loin que possible sur la route. Nous ne pouvons pas franchir le mur de pierres bleues – et nous ne pouvons pas en faire le tour – et nous ne pouvons pas le traverser. Rien n'indique qu'il sera un jour supprimé.

Le champ des conjectures sur ce qui se trouve de l'autre côté de la route est si vaste que nous ne nous aventurons pas à conjecturer.

Mais nous avons souvent et follement parlé du mur lui-même.

« Peut-être, dis-je, est-ce que le mur est placé ici sous nos yeux pour nous cacher nos limites. »

« Peut-être, » dit mon amie Annabel Lee, « c'est peut-être parce que le mur lui-même constitue nos limites. »

Ce qui, si c'est vrai, est très condamnable.

Car même si les êtres humains ont accompli certaines choses divines, ils n'ont jamais dépassé leurs limites.

Le bleu des pierres du mur n'est pas bleu foncé, mais il fait très froid. C'est la couleur qu'on appelle le bleu pierre.

Cela ne change jamais.

Le soleil et l'ombre se ressemblent ; et la pluie mouillée ne l'éclaire pas ; les épais nuages de poussière ne le rendent pas non plus terne.

Il est bleu pierre.

A part ça :

De temps en temps, par beau temps ou par mauvais temps, une ondulation semblable à de l'or apparaîtra sur le vaste espace vide.

Il s'attarde une seconde et disparaît – et réapparaît. Et puis c'est parti jusqu'à une autre fois.

Comme c'est tendre, comme c'est beau, comme c'est brillant l'ondulation dorée sur le bleu froid et froid !

C'est arrivé et reparti en une minute.

Nous ne savons pas ce qui va arriver ou ce qui va se passer.

Mais pendant que nous le voyons, nos cœurs battent vite et fort.

« Il se peut, dis-je quand elle disparaît, que cette ondulation dorée nous montrera un moyen de franchir le mur où les choses sont divines. »

"Il se peut", dit mon amie Annabel Lee, "que l'ondulation dorée nous montre quelque chose de divin parmi ces quelques choses de ce côté du mur."

Mon amie Annabel Lee, avec ton petit cœur fort et courageux et tes deux petites mains fortes, tu étais avec moi dans ma journée lasse et amère. Tu as été assez courageux pour deux. C'est à vous que viendra de ma part un message venant des silences et des collines gelées dans les années à venir.

LA FIN

www.ingramcontent.com/pod-product-compliance
Lightning Source LLC
LaVergne TN
LVHW041728190726
843493LV00007B/2254